Hatice Deniz Canoğlu

Kanak Sprak versus *Kiezdeutsch* – Sprachverfall oder sprachlicher Spezialfall?

Sprachwissenschaft, Band 11

Hatice Deniz Canoğlu

Kanak Sprak versus *Kiezdeutsch* – Sprachverfall oder sprachlicher Spezialfall?

Eine ethnolinguistische Untersuchung

Frank & Timme
Verlag für wissenschaftliche Literatur

ISBN 978-3-86596-483-0
ISSN 1862-6149

Herstellung durch das atelier eilenberger, Taucha bei Leipzig.
Printed in Germany.
Gedruckt auf säurefreiem, alterungsbeständigem Papier.

www.frank-timme.de

Meiner Mutter gewidmet und im Gedenken an meinen Vater

Vorwort

Die vorliegende Studie ist eine überarbeitete und aktualisierte Fassung meiner Magisterarbeit, die unter dem Titel *Kanak Sprak versus Kiezdeutsch. Eine ethnolinguistische Untersuchung der beiden Sprachphänomene im Deutschen im Lichte des Kulturtransfers* an der germanistischen Abteilung der Ege Universität eingereicht, und im Juni 2011 vom Sozialwissenschaftlichen Institut der Ege Universität (Izmir) angenommen wurde.

Während meines Magisterstudiums habe ich in dem Seminar Soziolinguistik einen Überblick über das Thema Jugendsprache erhalten, der die theoretische und praktische Grundlage der vorliegenden Untersuchung bildet. Ferner erweckte der im Rahmen des XI. Germanistik Kongresses an der Ege Universität zu Izmir (20.–22. Mai 2009) gehaltene Vortrag von Prof. Dr. Heike Wiese über die Sprachvariante *Kiezdeutsch* mein besonderes Interesse über die sprachlichen Mischvarietäten Migrantenjugendlicher. Durch die wertvollen Anregungen meiner Betreuerin, Prof. Dr. Yadigar Eğit, habe ich mich entschlossen, die Mischvarietäten *Kanak Sprak* und *Kiezdeutsch* in meiner Magisterarbeit zu thematisieren.

An erster Stelle möchte ich mich besonders bei Prof. Dr. Yadigar Eğit bedanken, die mich seit Anfang meines Magisterstudiums mit einer unermüdlichen Geduld motiviert hat und mir mit Rat und Tat zur Seite stand. Ohne ihre hingebungsvolle Unterstützung bei der Konzeption der Arbeit und die mühsamen Korrekturen wäre die vorliegende Arbeit nicht zustande gekommen.

Ein großer Dank gilt auch meinem Abteilungsleiter, Herrn Prof. Dr. Kasım Eğit, der mich bei der Anfertigung dieser Arbeit fachlich und persönlich immer unterstützt und ein angenehmes Arbeitsumfeld geschaffen hat. Allen Dozenten und wissenschaftlichen MitarbeiterInnen in meiner Abteilung möchte ich herzlich für ihre fortwährende Unterstützung und ihre Toleranz in dieser Zeit danken. Prof. Dr. Heike Wiese danke ich vielmals für ihre wertvollen Anregungen über den Untersuchungsgegenstand und fachlichen Hinweise. Ferner möchte ich mich bei Ulrike Freywald und Sören Schalowski herzlich für die wertvollen Gespräche und ihre Hilfe bei der Erstellung der betreffenden Forschungsliteratur bedanken. Weiterhin gilt mein Dank unserer ehemaligen DAAD-Sprachassistentin, Elif Güzel, für ihr freundliches Korrekturlesen.

Ein ganz besonderer Dank gilt auch meiner Familie und Freunden für die moralisch motivierende Unterstützung und für ihr Verständnis bei der Anfertigung dieser Arbeit. Meinem Mann, Kamil Canoğlu, danke ich dafür, dass er immer für mich da ist, wenn ich ihn brauche, und mich stets mit positiven Worten ermutigt. Nicht zuletzt möchte ich meiner Mutter herzlich dafür danken, dass sie mich in den schlaflosen Nächten nicht allein gelassen hat.

Inhaltsverzeichnis

0 Einleitung

Musa:	*oğlum* ich hab richtig bock auf stress Alter (.) oh lass mal heut paar aufs maul
Andreas:	ey (.) red doch mal vernünftig alter
Musa:	ein paar boys
Andreas:	vergiss das ding einfach (.) vergiss das ding einfach
Musa:	ich hab dieses dings vergessen
Andreas:	oğlum ( ) du bist doof *lan*
Musa:	du redest doch selber son scheiß
Andreas:	ja aber wenn DU das nicht vergisst vergess ich das auch nicht *oğlum*

(Dirim & Auer 2004: 130)[1]

Anfang der 60er Jahre beginnt die Arbeitsmigration nach Deutschland, wodurch langsam die Veränderung der sprachlichen Axiome des Deutschen ins Spiel kommt. Die türkischen Gastarbeiter der ersten Zuwanderergeneration entwickelten bei der Erlernung des Deutschen neue Sprachformen wie das *Gastarbeiterdeutsch*, welches sich im Laufe der Zeit durch den spiegelbildlichen Effekt zwischen den Medien und jüngeren Generationen zu jugendspezifischen Sprachkontaktvarietäten *Kanak Sprak* und *Kiezdeutsch* entwickelt hat.

In dem konzeptuellen[2] Umgang mit der Jugendsprache erwecken die mischsprachlichen Formen von Migrantengruppen ein besonderes Interesse. Von großer Bedeutung sind die deutsch-türkischen Sprachmischungen von türkischen Migranten im deutschen Sprachraum. Obwohl die grammatischen Regelungen der türkischen und deutschen Sprache sich stark voneinander unterscheiden, sind sie beliebte Formen unter Migrantenjugendlichen, die insbesondere in gemischtethnischen Territorien von Großstädten angesiedelt

1 Andreas und Musa sind hier auf dem Weg zu einem Park und sprechen über „das Ding" (Kassettenrecorder bei der Aufnahme für Tokens). Andreas sagt zu Musa, dass er sich so verhalten und sprechen soll, als ob es keinen Kassettenrecorder gäbe (vgl. Dirim & Auer 2004: 130)

2 Die Konzeptualität der Jugendsprache verweist auf die Prägung von jugendsprachlichen Ausdrucksformen in bestimmten Kontexten und auf ihre Wirkung innerhalb der betreffenden Kontexte, wie z.B. Jugendsprache in den Medien, in den multikulturellen Gebieten, in der Musikszene sowie Jugendsprache im Gegensatz zur Erwachsenensprache usw.

sind. Der obige Dialog lässt erkennen, dass die beiden Jugendlichen in ihrem Gespräch lexikalische Einheiten aus dem Türkischen wie die nominalen Anredeformen *lan* (Kerl) und *oğlum* (mein Sohn) mit dem Deutschen vermischen. Die zwei Jungen benutzen Wörter wie *lan* und *oğlum* aus der Lexik des Türkischen, weil, so Keim, *„das Türkische besser klingt, ihnen vertrauter ist, und sie einen bestimmen Sachverhalt, ein Gefühl nur in Türkisch ausdrücken können"* (2008: 329). Die nominale Anredeform *boys* (Jungs) wird als Zeichen der *Coolness* bevorzugt. Dieses Beispiel entstammt einem Dialog zwischen einem Griechen, Andreas, und einem Türken, Musa. An dieser Stelle ist es wichtig zu erwähnen, dass nicht nur türkische Jugendliche, sondern auch andere Ethnien, unter anderem auch Deutsche, Tokens aus dem Türkischen übernehmen (Auer 2003; Dirim & Auer 2004; Wiese 2006; Androutsopoulos 2007). *„Gemischtsprechen"* (Hinnenkamp 2000: 96) dient dazu, den Zeitgeist und die sozialen wie auch die sprachlichen Tendenzen der Gesellschaft spiegelbildlich wiederzugeben. Diesen Sachverhalt legt das obige Dialog-Beispiel offenkundig dar. Gegen soziale Barrikaden der Mehrheitsgesellschaft bilden Jugendliche mit Migrationshintergrund sprachliche Barrikaden und grenzen sich damit von Anderen ab.

Eine kulturwissenschaftliche Betrachtung legt nahe, dass in der Forschung keine einheitliche Bezeichnung für mischsprachliche Varietäten verwendet wird (vgl. Androutsopoulos 2001: 3; 2007: 126; Auer 2003: 259). In der linguistischen Literatur werden solchen Varietäten die Bezeichnungen wie *„Gastarbeiterdeutsch"* (Clyne 1968: 130ff; Keim 1978: 3ff), *„Foreigner Talk"* (Hinnenkamp 1982: XVI) *„Deutschlandtürkisch"* (Cindark & Aslan 2004: 1), *„Kanak Sprak"* (Zaimoğlu 1995: 9ff), *„Türkendeutsch"* (Androutsopoulos 2001: 1; Kern & Selting 2006: 239), *„Stylized Türkish-German"* (Eksner 2006: 8 „stilisiertes Türkendeutsch"), *„Türkenslang"* (Auer 2003: 255), *„Ghettodeutsch"* (Keim 2004: 97; 2008: 228), *„Gemischtsprechen"* (Hinnenkamp 2000: 96) und *„Kiez-Sprache"* (Wiese 2006: 245) bzw. *„Kiezdeutsch"* (Wiese 2009: 782) zugewiesen. Die unterschiedlichen Bezeichnungen haben im Grunde genommen eine einzige Zentralfunktion: Sie sind sachliche und imaginäre Andeutungen auf sprachliche und soziokulturelle Wechselbeziehungen. Es handelt sich hierbei also um jene Kategorien, die im Rahmen der Ethnographie, so Keim, *„eine Panorama-Darstellung des untersuchten gesellschaftlichen Bereichs"* (2008: 22) liefern. Denn Migrantenjugendliche[3] formulieren ihre Alltagserfahrungen in

3 In der vorliegenden Arbeit werden hauptsätzlich Migrantenjugendliche der zweiten und dritten

einem ethnographischen Assoziationsfeld mit verbalen Präsentationen, die nicht mehr ausschließlich als eine sich vom gesellschaftlichen Kontext losgelöste, sondern vielmehr als von dessen Strukturen bestimmte *Spracherscheinungen* zu bewerten sind (Füglein 2000: 149; Schlobinski 1993: 208), von denen insbesondere *Kanak Sprak* und *Kiezdeutsch* als Hauptgegenstände dieser Untersuchung in den Vordergrund treten.

Im Jahre 1995 wurden mit der Veröffentlichung von Feridun Zaimoğlus *„Kanak Sprak. 24 Misstöne vom Rande der Gesellschaft"* die sprachlichen Normvorstellungen der deutschen Standardsprache zerstört und eine neue Diskussion über eine neue Gesprächskultur aktiviert. Es geht bei der Kanak Sprak aber nicht um die Gesprächskultur, sondern um die Aktivierung einer neuen Diskussion. Diese seit den ersten Migrantenbewegungen nicht ganz offen versprachlichte Diskussion hat Zaimoğlu in seinem Buch so wiedergegeben:

Kanake! Dieses verunglimpfende Hetzwort wird zum identitätsstiftenden Kennwort, zur verbindenden Klammer dieser „Lumpenethnier". Analog zur Black-consciousness-Bewegung in den USA werden sich die einzelnen Kanak-Subidentitäten zunehmend übergreifender Zusammenhänge und Inhalte bewußt. (1995: 17)

Der hier von Zaimoğlu vorgestelle Kanake wird mit dem amerikanischen „Nigger" gleichgesetzt. Diese Gleichsetzung bezieht sich nicht nur auf sein Aussehen, sondern auch auf seine ähnliche Position im sozialen Leben (Füglein 2000: 6). Seine Identität und Sprache wird als degradierte Ethnie abgestempelt. Eine ähnliche Ansicht vertritt auch Heike Wiese, die mit ihrer Neubestimmung von *Kanak Sprak* als *Kiezdeutsch* eine Reihe von harten Diskussionen auslöste. Wiese legt ihre Gedanken bezüglich des Ausdrucks *Kanak Sprak* und die Gründe, weshalb sie den Terminus *Kiez-Sprache* als zutreffende Bezeichnung für eine solche Varietät gewählt hat wie folgt dar:

Dieser Ausdruck [...] *basiert auf einer Umdeutung des pejorativen Begriffs „Kanake" in Migrantenbewegungen, ähnlich dem reclaim desAusdrucks „Nigger" in afroamerikanischen politischen Kontexten. Von den jugendlichen Sprechern der Varietät wird der Begriff „Kanak Sprak" al-*

Generation und ihre Sprechweisen untersucht.

lerdings kaum verwendet; sie bezeichnen ihren Sprachgebrauch eher als „krass reden" oder auch als „Kiez-Sprache". Ich werde dem hier folgen und den Ausdruck „Kiez-Sprache" verwenden. (2006: 246)

Der oben geschilderte Sachverhalt beruht auf einer Änderung des kollektiven Bewusstseins, die mit Zaimoğlus *„Propaganda-Schrift"* (Füglein 2000: 6) angefangen hat. Da diese Sprechweisen jugendsprachliche Formen sind, sollen an dieser Stelle auch allgemeine Aspekte des jugendspezifischen Sprachverhaltens näher beleuchtet werden.

Die sich in Raum und Zeit veränderndernden Gesellschaftsformen und die damit zusammenhängende Modifikation von sprachkulturellen Strukturen nehmen bei der Konzeption von Jugendsprache als Kommunikations- und Sozialisationsform einen zentralen Platz ein. Als interdisziplinärer Begriff ist das sprachliche Verfahren von Jugendlichen im Sinne der kulturanalytischen Konstruktion in den konversationsanalytischen Ansätzen (Bergmann 2001; Deppermann 2000; Keim 2008) und in der Forschungsliteratur der Bereiche Ethnolinguistik bzw. Soziolinguistik (Gumperz & Hymes 1964; Gumperz & Hymes 1972; Gumperz 1982; Löffler 2005) zu einem wichtigen Forschungsgegenstand geworden. Die Grundlage der Jugendsprachforschung fundiert vor allem auf die Beziehung der Sprache zur Kultur. Vor diesem Hintergrund ergibt sich die Feststellung, dass die Jugendlichen die Sprache in ihrer gesamten systematischen Struktur erfassen und ihre Sprachverständnisse *kulturspezifisch* realisieren, was zur Entstehung transkultureller Zwischenräume in der interkulturellen Kommunikation führt. In einem solchen interkulturellen Kontext lässt sich die Jugendsprache allgemein als *soziales*, *linguistisches* und *diskursives* Phänomen definieren, das zugleich gruppenspezifisch und kontextabhängig ist.[4] Darüber hinaus demonstrieren die über Kulturdifferenzen hinausgehenden Auswirkungen auf die jeweilige Sprach- und Kommunikationspraxis Jugendlicher nicht nur die sprachspezifischen Formen einer Gruppe, sondern auch die sozialen Realitäten eines multidimensionalen ethnographischen Lebensraums.

Das mehrsprachige Phänomen basiert im deutschen Migrationskontext vor allem auf deutsch-türkischen Mischungen. Es ist klar, dass durch diese Art des Sprechens die konventionalisierten und traditionsgebundenen Gesellschafts-

---

4 Siehe hierzu u.a. Gumperz (1982), Neuland (1987), Schlobinski & Kohl & Ludewigdt (1993), Androutsopoulos (1998).

barrieren aufgehoben und die normativen Sprachvorstellungen der Standardsprache neu konfiguriert werden. Ingrid Gogolin hat vor diesem Hintergrund ihre Meinungen über die Neukonfiguration des jugendlichen Sprachvermögens wie folgt zusammengefasst:

> *Genau dies – das ineinander fließende Verwenden mehrerer Sprachen, die einander teilweise überlagernden, überlappenden sprachlichen und kulturellen Traditionen und ihre Verschmelzung zu etwas Neuem – kennzeichnet sprachliche und kulturelle Praxis von Jugendlichen mit Migrationshintergrund, die im Kontext transnationaler sozialer Räume leben.* (2009: 226)

Was mit dieser Aussage veranschaulicht wird, erweist sich in öffentlichen Alltagsdiskursen als *Kanak Sprak* und *Kiezdeutsch*. Die transnationale Mobilität, die während der transnationalen Interaktion zwischen Migrantenjugendlichen vorherrscht, kristallisiert sich als kulturelle Motivationen und sprachliche Assoziationen der Migrantenjugendlichen in sozialen Räumen heraus.

Neue jugendspezifische Spracherscheinungen, die in dieser Arbeit thematisiert werden, schaffen neue Berührungspunkte zwischen kultureller und sprachlicher Systematik und werfen einige Fragen auf, die bestimmte Aspekte und Ziele der Teilbereiche dieser Untersuchung veranschaulichen. Sie lauten folgendermaßen:

1. Warum werden *Deutschtürken* in medialen Diskursen stereotypisiert? Ist das Bild des Kanaken nur eine gesellschaftliche Imagination, das den Gastarbeitern von vornherein zugeschrieben worden ist, oder stellt das *Kiezdeutsch* eine andere Möglichkeit für die soziale Eingliederung von Gastarbeitern in die Mehrheitsgesellschaft dar?

2. Wie kann man die Spracheinstellungen von Migrantenjugendlichen kategorisieren; als Stil oder als Varietät?

3. Wie wirkt sich der Kulturtransfer zwischen diversen Sprachsystemen auf den soziokommunikativen Perspektivenwechsel aus? Kann man diesen Perspektivenwechsel als einen Prozess von der Ausgrenzung zur Reintegration in-

terpretieren? Sind Reaktionen gegen *Fremde* und Haltungen des *Eigenen* gegendiskursive Sprachformen?

4. In welchen Kontexten und in welcher Weise treten sprachinterne und sprachexterne Faktoren auf, bei denen verbale, nonverbale und paraverbale Mittel im Bereich der Lexik, Morphologie, Syntax und Prosodie das Sprach- und Kommunikationsprofil der Jugendlichen kennzeichnen?

Bei der Einschätzung der hieraus resultierenden Forschungsergebnisse wird sichtbar, dass die sprachlichen Mischungsprozesse in interkulturellen Alltagsszenarien stark von ihrer gesellschaftlichen Umgebung, also von medialen, politischen und sozialen Ereignissen der jeweiligen Aufnahmegesellschaft, beeinflusst worden sind. An dieser Stelle stößt man auf Regelstrukturen, die nicht nur in internationalen Kulturwelten enstanden sind, sondern auch in interdisziplinären Sprachwelten gültig sind. Hier soll vor allem darauf hingewiesen werden, dass in der aktuellen Forschung *Kanak Sprak* und *Kiezdeutsch* bisher noch nicht genügend gegenübergestellt worden sind. Von dieser Grundannahme ausgehend, soll die vorliegende Untersuchung einen Beitrag zur Schließung dieser Forschungslücke leisten. Zu diesem Zweck sollen im Rahmen eines ethnolinguistisch orientierten Vergleichs die betreffenden zwei Sprachphänomene rekonzeptualisiert werden, um die Jugendsprache im Migrationskontext als positiv zu bewerten.

Die vorliegende Arbeit hat das Ziel, aus einer ethnolinguistisch orientierten Perspektive heraus die kulturtransferbedingten Gemeinsamkeiten und Unterschiede am Beispiel der jugendspezifischen Sprachphänomene *Kanak Sprak* und *Kiezdeutsch* in drei Kapiteln zu beschreiben.

Im **ersten** Kapitel der vorliegenden Untersuchung stehen jugendspezifische Mischphänomene, hinsichtlich ihrer Bedeutungszusammenhänge in der aktuellen Jugendsprachforschung im Vordergrund. Auf der Basis methodischer Anregungen und theoretischer Diskussionen über die Sprache der Migrantenjugendlichen wird eine Einführung in die phänomenologischen Begrifflichkeiten vorgenommen und ein Entwicklungsmodell vorgestellt, um die drei Phasen der sprachlichen und sozialen Entwicklung von migrantenspezifischen Sprachkontaktvarietäten zu beschreiben.

Im **zweiten** Kapitel sollen die Stilisierungen von Mischsprachen in den Medien und ihre Relevanz für eine Variationstypologie im „*Hybriditätsdis-*

kurs“[5] (Hinnenkamp 2005: 93f) herausgearbeitet werden, um damit sowohl im ethnografischen Sprachkreis als auch im medienspezifischen Kulturkreis die stilistischen und variationstypischen Eigenschaften von beiden Mischsprachen aufzudecken. Es wird dabei versucht, der Frage nach dem Zusammenhang zwischen Sprache und Ethnie nachzugehen und die differenzierten Strukturen von *Kanak Sprak* und *Kiezdeutsch* und deren Analogien zu anderen Sprachkontaktphänomenen in kontrastiver Sicht auszuwerten.

Im **dritten** Kapitel der vorliegenden Arbeit sollen die sprachlich-kommunikativen Strukturen des *Kiezdeutschen*, die die diskursgestaltende Funktion dieser *Jugendsprache* prägen, behandelt und somit im Lichte des Kulturtransfers bewertet werden. Das Kapitel widmet sich ausschließlich der kulturbedingten Realisierung des Sprachmaterials, wobei anhand von konkreten Beispielen die Sprach- und Kommunikationsprofile der Jugendlichen mit besonderer Berücksichtigung ihres „*innovativen*“ (Wiese 2009; 2012) Charakters analysiert werden sollen. Die Untersuchung wird mit einer Schlussfolgerung abgeschlossen.

5 Zur ausführlichen Beschreibung des Hybriditätsdiskurses und seiner Verwendung bei Hinnenkamp siehe zum zweiten Kapitel.

1 Jugendsprachliche Mischphänomene als Forschungsgegenstand: Ein Überblick

In der sprachwissenschaftlichen Forschung lassen sich die jugendsprachspezifischen Erklärungsansätze bei der Wesensanalyse der Mischphänomene an einigen vorbildlichen Vorarbeiten anknüpfen, die mehrheitlich sozialfunktionale Untersuchungsaspekte der Jugendsprachforschung in den Mittelpunkt stellen (vgl. dazu Tertilt (1996); Auer (2003), Füglein (2000); Androutsopoulos (2001); Wiese (2006); Keim (2008)). Im Zentrum dieses Themenfeldes steht in diesem Sinne eine Ganzheit von Arbeitsrichtungen, die diese kulturtheoretischen Vorverständnisse in ihrer gesamten systematischen Tragweite betrachten. So verwundert es nicht, dass die ethnographischen und soziologischen Inszenierungen der Sprachvarianten in einen linguistischen Begriffsrahmen eingeordnet werden können.

Seit Jahrzehnten waren jugendspezifische Sprachvarianten ein Thema der öffentlichen Diskussion, noch bevor sie zum Thema der sprachwissenschaftlichen Diskussion wurden (Neuland 2003a: 261). Die gegenwärtigen Bestrebungen in diesem Gebiet, die die kanak- und kiezsprachlichen Varianten zu analysieren versuchen, eröffnen eindeutig neue Diskussionsräume für ihre Behandlungsmöglichkeiten und bieten ein neues Spektrum für das Migrationsgeschehen an: Die Sprache von der ersten Gastarbeitergeneration wird als Folgeerscheinung des ungesteuerten Spracherwerbs (als Lernerphänomene bzw. als Interferenzen der jeweiligen Muttersprache) betrachtet. Nun wird das lernersprachliche[6] Gastarbeiterdeutsch durch neue Sprachformen ersetzt – *Kanak Sprak* und *Kiezdeutsch* – (Androutsopoulos 2001: 3f; 2007: 114), und mit der Herausforderung dieser Sprachformen in gesellschaftlicher Diskussion gewinnt das Migrationsgeschehen eine neue Dimension, wobei die gesellschaftlich-negativen Vorstellungen über diese Variationstypen auf eine positive Ebene transformiert werden.

6 Für die ausführliche Beschreibung von Lernervarietäten der ersten Generation von türkischen Gastarbeitern und die Interferenzerscheinungen in diesem Gebiet siehe Keim (1984).

In Anbetracht der oben erwähnten Sachlage werden die politisch-provokatorischen Debatten um türkische Gastarbeiter unter dem Pseudonym *Kanak Sprak* herausgearbeitet, das die Eigenarten einer Gruppe und die Aktualisierung und Fortsetzung des Themas – besonders in den Medien – als eine Art *„poetic polemic"* (Pfaff 2005: 222) proklamiert[7]. Das Abstraktum *Kanak Sprak* stellt die radikalen Einstellungen und Integrationsversuche von Türken seitens des Migrantenschriftstellers Feridun Zaimoğlu ironisch dar. Dieser erst politisch und gesellschaftlich geprägte Ausdruck hat einen sehr großen und wichtigen Anklang in der sprachwissenschaftlichen Forschung gefunden und wurde nun eher als ein linguistischer Begriff aufgefasst. Andererseits wird mit der Einführung des *Kiezdeutschen* in die fachliche Diskussion über den Sozial- und Sprachstatus der jungen Migranten eine andere Vision reproduziert: Die sprachliche Konstruktivität und symbolische Variabilität der *Kiez-Sprache* werden wiederum durch kulturbedingte Widersprüchlichkeiten der beteiligten Ethnien hervorgerufen. Trotzdem ist die Platzierung der *Kiez-Sprache* im öffentlichen Aktionsrahmen im Gegensatz zu *Kanak Sprak* durchaus als positiv zu bewerten. Die nicht-linguistischen Diskussionen über *Kiezdeutsch* sind laut Wiese von einer aus politischer und kultursoziologischer Perspektive vehementen Sprachkritik geprägt (Wiese 2006: 247). Allerdings können mit der grammatischen Analyse kiezsprachlicher Strukturen linguistische Diskussionen initiiert und damit ethno- und soziolinguistische Verweiszusammenhänge reproduziert werden: Gemäß dieses Verfahrens liegt der grammatischen Analyse der kiezsprachlichen Wendung *„Ich mach dich Messer"* das produktive Muster der *Kiez-Sprache* zugrunde (ebd.).

Angesichts dieser Feststellungen wird deutlich, dass sich die Annäherungsmöglichkeiten an das Thema dieser Prämisse zufolge in der Analyse einzelner zumeist gemischter Gesprächssequenzen niederschlagen; denn die wissenschaftliche Orientierung wird von einer gesellschaftspolitischen Ebene zu einer linguistischen Ebene übertragen. Die von Zimmermann gestellte Frage, *„wie sich formal, inhaltlich und diskursiv die soziokulturelle Funktion der Sonderung als Jugendlich-Sein in der Sprache konstituiert"* (2003: 173), bildet das zentrale Anliegen dieser Orientierung. In der vorliegenden Arbeit wird in erster Linie versucht, durch die vergleichende Analyse des gesellschaftlich-akzeptierten *Kiezdeutschen* und der gesellschaftlich als negativ betrachteten

7 Für die Thematisierung von ethnolektalen Varietäten in den Medien siehe Androutsopoulos (2007) und (2001; 2001a).

Kanak Sprak die Sprach- und Kommunikationsfähigkeiten von Migrantenjugendlichen zu verdeutlichen.

In dem oben erwähnten Zusammenhang sollen die beiden Sprachphänomene *Kanak Sprak* und *Kiezdeutsch* in unterschiedliche Forschungsperspektiven eingeführt werden, die die symbolische Beziehung zwischen Sprache und Kultur und diesbezügliche Entwicklungsprozesse der beiden Sprachkontaktvarietäten verdeutlichen. Aus diesem Grund sollen *Kanak Sprak* und *Kiezdeutsch* im Folgenden aus zwei Perspektiven erörtert werden: Erstens sollen der Symbolcharakter der Sprache und ihre Funktionen erklärt und die Theorien in der Jugendsprachforschung aus dieser Perspektive neu entdeckt werden. Zweitens sollen die Entwicklungen von etnographisch-soziolinguistisch orientierten Arbeiten im Bereich der Linguistik bekannt gemacht werden, die die positiven Entwicklungen im Varietätenraum der Migrantenjugendsprache zeigen. In der vorliegenden Arbeit wird die Entwicklung von migrantenspezifischen Varietäten anhand des unten angegebenen Schemas untersucht:

Gastarbeiterdeutsch → Kanak Sprak → Kiezdeutsch

1.1 Zum aktuellen theoretischen Forschungsstand

In jüngster Zeit richtet sich die wissenschaftliche Aufmerksamkeit mit dem Zustandekommen neuer Variationstypen auf die Grundlegung der Struktur- und Funktionsformen von Sprachmischungen, die insbesondere auf die Deutung ihrer symbolischen Durchsetzungskraft abzielen[8]. Die sprachlichen Symbolisierungen und Symbolisierungsverfahren[9], wie sie von Bausch bezeichnet und in gesprächsbezogenen Analysen angewendet werden, sind:

Signale im Gespräch, die auf [...] soziale Bedeutungen hinweisen, die für die Gruppenmitglieder aufgrund ihres gemeinsamen Wissens durchsichtig sind und aufgrund der geteilten Wertorientierungen identitätsstiftende

8 Zu Untersuchungen über die Funktionalität und Strukturierung von der Jugendsprache siehe u.a. Henne (1986),
Androutsopoulos (1998) und Augenstein (1998).

9 Die Symbolisierungen werden u.a. in verschiedenen Ansätzen in dem zweiten Teil von Kallmeyers Buch „Kommunikation in der Stadt“ (1994) aus unterschiedlichen Perspektiven ausführlich beschrieben.

Funktion für die Gruppe haben. Solche Hinweise –oder Kontextualisierungen– sind für die Beteiligten im Gesprächsverlauf dadurch identifizierbar, dass sie durch unterschiedliche sprachliche Mittel und sprachliche Verfahren im Gespräch eingeführt werden, mit der sie umgebenden Sprechweise im Kontrast stehen und so eine weitere Interpretationsbene eröffnen. (1994: 451)

Die obigen Ausführungen von Bausch legen offenkundig dar, dass die Symbolisierungen im Gespräch von Hinweisen bzw. Kontextualisierungen[10] geprägt sind, die mit bestimmten sprachlichen Mitteln veranschaulicht werden können. Um eine Symbolfunktion zu gewinnen und damit interpretiert werden zu können, müssen diese gruppenspezifischen Sprachen marginalisiert werden. Dazu werden syntaktische, semantische, lexikalische und prosodische Elemente in Betracht gezogen, die hierbei als funktionale Kategorien aufgefasst werden und zugleich auch eine Vergleichsbasis für die Analyse von Mischprozessen bilden. Vielmehr hat sich der Symbolcharakter von Mischungen, der auch für die Stilforschung von Bedeutung ist, im kanak- bzw. kiezsprachlichen Korpus unterschiedlich entfaltet[11]. Dieser Topos wird dadurch bestätigt, indem das gleiche Phänomen in verschiedenen Ansätzen immer unterschiedlich aufgefasst wird. An dieser Stelle ist hervorzuheben, dass diese Art des Sprechens keine bloβe Wiedergabe von sprachlichen Besonderheiten und Funktionen von der Migrantenjugendsprache ist, sondern dass darin eine Menge von sozialen Symbolisierungen enthalten sind. Zu bemerken ist auch, dass *Kanak Sprak* und *Kiezdeutsch* als symbolbeladene Begriffe aufzufassen sind, mit denen die sozialen Erfahrungen von Migranten sprachlich und begrifflich widergegeben werden können.

Schlobinski hat sich bei seiner Kritik bezüglich der Verwendung des Begriffs *Jugendsprache* mit Henne auseinandergesetzt. In seinem Buch „Jugend und *ihre Sprache*" (1986) thematisiert Henne diese Art des Sprechens als eine für Jugendliche typische „Sprache". Peter Schlobinski aber, dessen empirischer Ansatz sich der Analyseformen der jugendsprachlichen Sprechmuster bedient, bezeichnet diese Sprache, deren Besitzer Jugendliche seien, als Mythos und

10 Bausch stützt sich hierbei auf die zentrale These von Gumperz (1982) „contextualisation cues", auf die im Rahmen dieser Untersuchung im Weiteren näher eingegangen wird.

11 Zum Symbolcharakter des sprachlichen Zeichens vgl. Augenstein (1998: 10–14). Augenstein nimmt (in Anlehnung an Husserl und Lersch) Bühlers Konzeption von Sprachfunktionen als Grundaxiom ihrer Arbeit.

Fiktion (1993: 7). Anstatt Sprache benutzt er den Begriff „*jugendspezifische Sprechweisen*" (Schlobinski 1993: 40). Schlobinski versucht zu erklären, dass es keine selbständige Jugendsprache gibt, sondern es handle sich lediglich um jugendspezifische Sprechweisen, hinter denen sich ein komplexes Bündel von gruppenspezifischen, gesellschaftlichen Konventionen verbirgt (1993: 39f), auf die bereits auch Androutsopoulos (1998: 4) und Augenstein (1998: 39; 89) hingewiesen haben. Beide Autoren gehen von der Annahme aus, dass sich hinter der betroffenen Sprechweise soziokulturelle und gruppenspezifische Charakteristika der Jugendlichen und der jeweiligen Gesellschaft verbergen (Androutsopoulos 1998: 4), nämlich gruppenspezifische Erfahrungshorizonte, die zum Teil durch die Medien vermittelt werden (Augenstein 1998: 89).

In Übereinstimmung mit diesen Definitionsversuchen übernehmen neue Tendenzen und Modelle in der Forschung die Stelle alter Richtungen und Traditionen ein, was zur Bildung neuer Konstellationen von Mischprozessen führt. Im Zuge der Migration hat sich die jugendspezifische Migrantensprache von ihrer fiktiven Gestalt herausgelöst und mit neuen Begriffsbestimmungen – erst mit *Kanak Sprak*, dann mit *Kiezdeutsch*- ein eigenständiges Charakteristikum entwickelt. Sie verfolgen einen Entwicklungsprozess, in aufsteigender Linie, also in stufenweise aufsteigender Form, vom *Gastarbeiterdeutsch* über *Kanak Sprak* bis hin zum *Kiezdeutsch*. Mit diesem Entwicklungsprozess wird ein Realitätsbezug zum Mythos[12] hergestellt.

In seinen Untersuchungen hat Androutsopoulos dem Begriff „*Erneuerungsspirale jugendsprachlicher Ausdrucksweisen*" (1998: 3) eine zentrale Rolle eingeräumt und bezeichnet dabei das sprachlich-produktive Muster der Jugendsprache als eine „*Erneuerungsquelle*" (2005: 171). Darüber hinaus lassen sich auch die Mischvarietäten *Kanak Sprak* und *Kiezdeutsch* als kreative Erneuerungsquellen für die deutsche Standardsprache darstellen. Die sprachlichen Erneuerungen sind im *Gastarbeiterdeutsch* als defizitäre Erscheinungen zu betrachten (Hinnenkamp 2005: 88). Aus dieser Perspektive betrachtet, kann man den Begriff *Gastarbeiterdeutsch* nicht der Gruppe der innovationsfähigen Mischformen zuschreiben. Auch bei *Kanak Sprak* findet man neue Zusammensetzungen, die meistens als fehlerhafte Umänderungen der Matrixsprache zu definieren sind. Diesbezüglich äußert sich Zaimoğlu wie folgt:

12 vgl. dazu Wiese (2011) „Führt Mehrsprachigkeit zum Sprachverfall? Populäre Mythen vom ‚gebrochenen Deutsch' bis zur ‚doppelten Halbsprachigkeit' türkischstämmiger Jugendlicher in Deutschland" und Wiese (2012).

Der Kanake spricht seine Muttersprache nur fehlerhaft, auch das „Allemanisch" ist ihm nur bedingt geläufig. Sein Sprachschatz setzt sich aus „verkauderwelschten" Vokabeln und Redewendungen zusammen, die so in keiner der beiden Sprachen vorkommen. (1995: 13)

Die „*Kanaken*" sind zwar innovationsfähig, weil sie sich neuer Fassungen bedienen, aber sie verwenden falsche grammatische Regeln, die in beiden Sprachen nicht vorhanden sind. Die Fachausdrücke „*doppelte Halbsprachigkeit*" (Hansegard 1968; Erfurt 2003; Hinnenkamp 2005; 2008; Wiese 2010) bzw. „*doppelseitige Halbsprachigkeit*" (Hinnenkamp 2005: 88) stehen hierbei repräsentativ für das Sprachvermögen von sogenannten *Kanaken*. Damit ist gemeint, dass die türkischen Migranten wegen ihrer unzureichenden Kenntnisse in der Zweitsprache sowie der Muttersprache nicht in der Lage sind, richtige Neuformen zu bilden. Dabei entpuppt sich *Kanak Sprak* eher als eine „*Nachdichtung*" (Zaimoğlu 1995: 14). Dies bedeutet, dass damit nicht nur die sprachlichen Defizite simuliert werden, sondern zugleich auch schriftlich und mündlich über das sozialpolitische Diskriminierungsverfahren der Mehrheitsgesellschaft mokiert wird (Dirim & Auer 2004: 8).

Die Diplomarbeit von Rosemarie Füglein gilt als erste umfangreiche Studie zu *Kanak Sprak*. Sie analysiert das Sprachverhalten der Ausländer türkischer Herkunft nicht nur im Sinne einer gesprächsorientierten Handlung, sondern beobachtet und interpretiert diese Sprechhandlungen in ihrem sozialen, kontextuellen und kulturellen Rahmen sehr intensiv und hebt dabei vor allem die ethnospezifischen Besonderheiten und deren Regelungen im Sprachgebrauch hervor (Füglein 2000: 42f). Im Gegensatz zum *Gastarbeiterdeutsch* wird *Kanak Sprak*, so Füglein, als „*bewusste Unterstreichung der Andersartigkeit*" und „*bewusste Akzentuierung des Ausländerstatus*" (2000: 97) profiliert. Bei dieser Art von sprachlichem Handeln geht es um jene Strategien, mit denen sich türkische Migranten bewusst von anderen unterscheiden. Aus diesem Grund ist *Kanak Sprak* als Ausdruck der Marginalität zu bezeichnen, der schon in der sprach- und kulturbezogenen Wahrnehmungsweise junger Türken erkennbar geworden ist. Füglein hebt in ihrer Arbeit auch Zaimoğlu's Aussagen bestätigend hervor und beschreibt in dieser Hinsicht *Kanak Sprak* als „*eine Art Kunstsprache, die zwar authentische Elemente enthält, diese jedoch wider alle Geflogenheiten der herkömmlichen deutschen Sprache verfremdet*" (2000: 5). Es liegt auf der Hand, dass bei der Gestaltung von kanaksprachlichen Ausdrücken die Sprachneigungen von Gastarbeitern – linguistisch gesehen – noch nicht auf eine neue Stufe gebracht werden konnten. Es wird aber, wie bereits bekannt ist, nur die Primitivität von der ersten Generation überwunden (Füglein 2000: 15) und zusätzlich wird noch eine neue Dimension ins Licht gerückt, nämlich die künstlerische Abbildung der Sprache, die die Abgrenzungsstrategien von jungen Migranten sprachlich betont und nachdichtet.

Im Gegensatz zu *Kanak Sprak* bringt aber das *Kiezdeutsch* eine sehr umfangreiche und interessante Sichtweise hinsichtlich der Sprachkontaktvarietäten. Wichtig ist in diesem Zusammenhang die Begriffswahl, die die seit Zaimoğlus *Kanak Sprak* entfalteten negativen Ansichten gegenüber türkischen Ausländern zu verändern bestrebt ist. Mit der von Heike Wiese eingeführten Bezeichnung wird der sogenannte Mythos, der mit den ersten Gastarbeitern angefangen hat, zum letzten Punkt übertragen. Nach Wiese wird dadurch ein ganz neuer Blickwinkel auf die Entwicklungstendenzen der Sprachmischungen eröffnet:

Entgegen einer verbreiteten öffentlichen Wahrnehmung ist Kiezdeutsch jedoch kein gebrochenes Deutsch, sondern begründet einen neuen, urbanen Dialekt des Deutschen, der – ebenso wie andere deutsche Dialekte auch – systematische sprachliche Besonderheiten in Bereichen wie Aussprache, Wortwahl und Grammatik aufweist. (2010: 33)

Es sollte noch hinzugefügt werden, dass sich die sprachliche Ausformung der Andersartigkeit im *Kiezdeutsch* durch eine systematische Organisation der sprachstrukturellen Kategorien kennzeichnet. So wird in der alltäglichen Praxis ein gruppenrelevantes und spezifisch aufgebautes Sprachinventar für Regelungen von sprachlichen Ebenen bereitgestellt. Dabei ist zu betonen, dass diese Neuerungen diesmal nicht auf fehlende Sprachkenntnisse Jugendlicher zurückzuführen sind, sondern als Erkenntnisformen des sprachlichen und gesellschaftlichen Wandels aufzufassen sind. Dieses Faktum macht deutlich, dass sich die Mischungen im ethnographischen Bereich immer wieder verändern. Die einzelnen Entwicklungsphasen lassen sich in mehrfacher Hinsicht mit Verwendungsformen von Mischungsprozessen in ethnischen bzw. multiethnischen Handlungsräumen beschreiben.

Auf der Grundlage der oben genannten Beziehungskonstrukte zwischen sprachlichen und kulturellen Praktiken in ethnographischen Lebenskreisen demonstriert sich die „*diversity of speech*" (Hymes 1972: 38) als anspruchsvolle Form des Sprechens. Von großer Bedeutung für die Forschung ist daher das

Wechselspiel zwischen den Fachbereichen Ethnolinguistik, Soziolinguistik und Kulturwissenschaft, weil sie sich als untrennbare Wissenschaftszweige ergänzen und damit die Interdisziplinärität in diesem Bereich schaffen.

Wie bereits aus den bisherigen Forschungsberichten bekannt geworden ist, lässt sich die Diversität des Sprechens nicht nur in der linguistischen Analyse der betreffenden Gesprächsprozesse erkennen, sondern auch bei der Vertitelung dieser Gesprächstypen, denn diverse Ethnien und diverse Kulturen bringen diverse Sprachen hervor, welche die sozialen Ereignisse widerspiegeln. Betrachtet man den aktuellen theoretischen Forschungsstand, so kann man den Wandel der Mischsprachen in drei Stufen beobachten: vom *Gastarbeiterdeutsch* zur *Kanak Sprak* und schließlich zum *Kiezdeutsch.* Auch in der vorliegenden Arbeit bilden diese und auch andere dreistufige Theorien eine Basis für einen ethnolinguistischen Vergleich von *Kanak Sprak* und *Kiezdeutsch.*

1.2 Zum methodischen Vorgehen: ethno- und soziolinguistische Theoriebildung

Wie bereits im ersten Abschnitt dieses Kapitels festgestellt wurde, stellen die mehrdimensionalen Modellierungen den Mischsprachen einen sehr umfangreichen Realisierungsraum zur Verfügung. Auch für die vorliegende Untersuchung scheint es ratsam zu sein, auch bei der Analyse von *kanak-* und *kiezsprachlichen Jugendsprachphänomenen* sich an eine solche mehrdimensionale Forschungsausrichtung anzulehnen[13], denn die dreidimensionalen Theoriebildungen in diesem Bereich übernehmen eine wichtige Rolle, da diese Sprachphänomene aufgrund ihrer Sonderposition sich auf unterschiedlichen kommunikativen Ebenen bewegen: erstens in sozialen Netzwerken des Migrantenmilieus, zweitens in ihren diskursiv gestalteten Abwehrmechanismen gegenüber der Mehrheitsgesellschaft und drittens in ihrer besonderen Kreativität der Sprache.

Ein kurzer Einblick in die aktuelle Forschungslage zeigt deutlich, dass in den meisten Arbeiten bei der Auswertung von Datenerhebungen von dreistufigen Modellen Gebrauch gemacht wird. In Anlehnung an Dittmar/Hädrich (1988) bestimmt Schlobinski für seine ethnographisch basierte Untersuchung

13 So die Arbeiten von Henne (1986), Rampton (2005)

drei Interpretationsebenen: „*die Ebene des sozialen Handelns*", „*die Ebene der diskursiven Rahmensetzung*" und „*die Ebene der Gesprächsaktivität*" (1993: 68).

Da diese von Schlobinski eingeführten drei Interpretationsebenen für eine ethno- und soziolinguistische Rechtfertigung von Hypothesen als angemessen zu betrachten sind, wird sich die vorliegende Untersuchung ihrer als Forschungsmethodik bedienen. Darüber hinaus basiert die vorliegende Studie auf einer kontrastiven Analyse zweier Spracherscheinungen, deren Eigenarten auch mit empirischen Datenerhebungen zu beschreiben sind. Das geschieht einmal durch die Ethnomethodologie, „*einer phänomenologisch orientierten soziologischen Forschungsrichtung, die sich auf die Aufdeckung der Selbsverständlichkeitsstrukturen der Alltagswelt konzentriert*" (Brinker/Sager 2006: 16)[14], zum anderen geschieht es durch eine linguistische Gesprächsanalyse, deren Aufgabe eine systematische Erforschung der Bedingungen und Regeln von dialogischen Kommunikationen in verschiedenen Bereichen der Gesellschaft ist, wie z.B. im Alltag, in Institutionen und Medien (Brinker/Sager 2006: 19). Somit sind aktuelle Ausschnitte aus der Alltagspraxis entscheidend für das Korpus, das mit konkreten Dialogen empirisch belegt wird. Im Durchführungsort dieser Arbeit ist eine solche Datenerhebung nicht möglich gewesen, weil die beiden Phänomene – *Kanak Sprak* und *Kiezdeutsch* – in bestimmten urbanen Wohnvierteln mit hohem Migrantenanteil, in Berlin-Kreuzberg, Hamburg-Altona usw. entstanden sind (Wiese 2006: 247). Dieser Zustand macht eine empirische Feldforschung erforderlich. Aus unterschiedlichen Gründen, wie Zeitknappheit während des Magisterstudiums, Schwierigkeiten bei der Förderung einer Untersuchung im Ausland usw. konnte keine Feldforschung in diesem Sinne durchgeführt werden. Auf Grund dieses Sachverhalts wird sich diese Untersuchung meistens auf konkrete Beispiele aus anderen empirisch basierten Untersuchungen wie von Wiese (2006; 2009; 2010), Dirim & Auer (2004), Keim (2008), Hinnenkamp (2005) und Füglein (2000) stützen, was für die Auswertung der Daten aber keinen Nachteil darstellen dürfte, weil eine ethnolinguistisch orientierte Untersuchung mehr Sprach- und Selbstprofilierungen von Migrantenjugendlichen zum Gegenstand hat. In Anlehnung an all diese Behauptungen wurde versucht, die Selbst- und Fremdwahrnehmungen der Migrantenjugendlichen anhand von konkreten Beispielen zu analysieren.

14 Siehe zu Begriffen Ethnomethodologie und damit verbundene Konversationsanalyse zu Garfinkel (1967), Sacks/Schegloff/Jefferson (1974), Bergmann (1981)

2 *Kanak Sprak* versus *Kiezdeutsch*: Ein ethnolinguistisch-orientierter Vergleich

Wie im ersten Kapitel erwähnt wurde, existiert in der Forschung eine große Menge von terminologischen Begrifflichkeiten für alltägliche Variationsmuster der Migrantensprache, die das migrantenspezifische Sprachverhalten in seinen unterschiedlichen Gebrauchskontexten beobachten und auswerten. Die Vielfalt der Termini und die Vielfalt der Kontexte weisen wiederum auf die Vielfältigkeit von sprachlichen Ausdrucksformen junger Migranten hin. An dieser Stelle sollen unterschiedliche Darlegungen von *Kanak Sprak* und *Kiezdeutsch* in der Forschung in Bezug auf einige terminologische Fachbegriffe aufgegriffen und in den einzelnen Teilabschnitten dieses Kapitels untersucht werden.

Innerhalb des Themenkomplexes *Kanak Sprak* versus *Kiezdeutsch* wurde in aktuellen Forschungsdebatten der Anspruch erhoben, dass diese Spracherscheinungen einzelne Teilsysteme eines vielschichtigen Territoriums sind und demzufolge in unterschiedlichen Handlungsfeldern der wissenschaftlichen Organisation einbezogen werden können. Zu diesem vielschichtigen Forschungsterritorium gehören u.a. die Bereiche wie z.B. *Sprachkontaktforschung, Codeswitching, Jugendsprachforschung, Migrantensprachforschung, Ethnographie, Ethnoliguistik, Ethnomethodologie, Gesprächsanalyse, Medienforschung, Pragmatik, Soziolinguistik, Soziologie* und *Anthropologie*.

Gerade die gegenseitige Beeinflussung zwischen den oben genannten Forschungsgebieten bildet die zentrale Vergleichsbasis für *Kanak Sprak* und *Kiezdeutsch*. Hierbei wird der Begriff *Mischsprache* als Schlüsselbegriff gewählt, unter dem die Entstehungen und Verwendungen von *Kanak Sprak* und *Kiezdeutsch* zusammengefasst werden. Das Wort „*mischen*" ist ein Verweis auf die Inter- und Transdisziplinärität des ethnolektalen „Mischstils" (Auer 2003: 262). Dabei werden sprachliche, soziale, kulturelle und wissenschaftliche Komponenten miteinander gemischt. Die Typen der Mischformen weisen nicht nur unterschiedliche Anwendungsformen in unterschiedlichen Kontexten auf, sondern unterscheiden sich auch stilistisch und soziologisch voneinander. In diesem Zusammenhang lassen sich *Kanak Sprak* und *Kiezdeutsch* in den weiteren Abschnitten dieses Kapitels voneinander durch ihre sprachkontaktbezogenen (Füglein 2000; Wiese 2006/2009), massenmedialen (Auer 2003; Androutsopoulos 2001/2007; Wiese 2006) und gesprächsanalytischen (Füglein 2000; Wiese 2006/2009) Gestaltungen unterscheiden.

Bevor in diesem Kapitel *Kanak Sprak* und *Kiezdeutsch* miteinander verglichen werden, sollen einige theoretische Fachbegriffe kurz umrissen werden. Der Begriff *Mischsprache* ist zugleich ein Sammelbegriff für kanak- und kiezsprachliche Formen von Migrantenjugendlichen. Aus diesem Grund erscheint es als angebracht, die Definitionen und Entstehungen von Mischsprachen ausführlich zu behandeln. In diesem Rahmen erscheint es als notwendig, die sprachkontaktbezogenen Gestaltungen von *Kanak Sprak* und *Kiezdeutsch* zu besprechen, zumal die Erklärungen der Begriffe *Sprachmischung, Mischsprache, Sprachkontakt, sprachliche Variation, Migration, Zwei- und Mehrsprachigkeit* einander ergänzen und somit der Erläuterung der Sprachphänomene *Kanak Sprak* und *Kiezdeutsch* aus einer ethnolinguistischen Sicht Hilfe leisten. Dabei werden die beiden Begriffe in einem ethnografischen Rahmen untersucht, dessen prototypischer „Nährboden" multiethnische Stadtteile mit hohen Ausländeranteilen sind (Androutsopoulos 2001: 3). Unter dem Gesichtspunkt der Ethnografie sollen einerseits die Hintergründe der sozialen und sprachlichen Entwicklung der jeweiligen Migrantengruppe analysiert und andererseits die Entwicklungsprozesse junger Migranten mit sozialen Ereignissen in Zusammenhang gebracht werden, um sie hinsichtlich ihrer Relevanz und Typizität zu beschreiben (Keim 2008: 462).

Wie die sprachlich-kommunikativen Praktiken von türkischen Migrantengruppen auf soziale Vorgänge einwirken, und auch wie sie selbst von diesen Vorgängen beeinflusst werden, soll im Folgenden anhand kontaktsprachlicher Relationen zwischen *Kanak Sprak* und *Kiezdeutsch* aus einer gesprächsanalytischen Sicht aufgeführt werden. In diesem Zusammenhang wird der Terminus *Mischsprache*, der, wie bereits erwähnt wurde, zugleich auch als Gesamtbegriff für kanak- und kiezsprachliche Strukturen erfasst werden kann, von Bußmann wie folgt definiert:

> *Als Resultat von Sprachkontakt und wechselseitiger Beeinflussung zweier oder mehrerer Ausgangssprachen entstandene Sprache. Mischsprachen enthalten (mischen) unterschiedliche Elemente der jeweiligen Ausgangssprachen.* (2002: 436)

Hierbei ist zu beachten, dass die Mischsprachen in mehrsprachigen Kontexten auftauchen und sich durch ständiges Variieren zwischen zwei Sprachsystemen auszeichnen. Wie es auch Barbour & Stevenson bemerkt haben, ist *„das Stadium sprachlicher Variation [...] zweifellos ein kompliziertes, vieldimensionales Unterfangen“* (1998: 1). Darüber hinaus können die sprachlichen Variationen und ihr Auftreten als Mischformen in einer Dreierreihe erklärt werden: (a) aus migrantenspezifischem Sprachkontakt ergeben sich (b) migrationsbedingte Zwei- bzw. Mehrsprachigkeit und dies führt (c) zum Sprachwandel.

Dass der bloße Informationsaustausch zwischen den Interaktanten sich nicht auf die sprachlichen Phänomene auswirkt, sondern innerhalb der sozialen Interaktion mit den kultursemiotischen Faktoren zusammen eine allgemeine Wirkung aufweist, fasst Volker Hinnenkamp wie folgt zusammen:

> *Die Migrantenjugendlichen, die in den polykulturellen und vielsprachigen Räumen groß werden,* [entwickeln] *in ihrem sprachlichen Ausdrucksverhalten spezifische Zwischenformen und Kreationen aus den ihnen zur Verfügung stehenden Codes.* [...] *Diese Mischsprache fungiert wie ein Spiegel der historischen, sozialen, kulturellen und linguistischen Bedingungen, unter denen diese Jugendlichen groß werden.* (2005: 95)

Der Gebrauch von Mischungen im Migrationskontext schließt soziale, kulturelle, semantische und gesellschaftspolitische Vorstellungen von Migrantenjugendlichen ein. Unter diesem Gesichtspunkt betrachtet, erfüllen die verschiedenen Arten von Sprachmischungen Migrantenjugendlicher eine besondere Funktion: Die Mischungen auf der Satzebene stellen keine bloßen Sprachprozesse dar, sondern Kulturprozesse. Als berühmteste Form dieser Mischungen ist die allgemeine Jugendsprache zu nennen, die zugleich auch als Oberbegriff für sämtliche Kennzeichen der sprachlichen und sozialen Einstellungen von Jugendlichen zu verstehen ist (Androutsopoulos 1998a: 2). In diesen Rahmen passen auch *Kanak Sprak* und *Kiezdeutsch*; sie sind ebenfalls jugendspezifische Mischformen im Migrationskontext, die sich aus polykulturellen und vielsprachigen Bedingungen der jeweiligen Gesellschaft herausgebildet haben (Neuland 2008: 156). Parallel dazu werden Mischungen, hier *Kanak Sprak* und *Kiezdeutsch*, von Hinnenkamp als *„Resultat einer in Migrationsgeschichte und multikultureller Gesellschaft begründeten polylingualen Entwicklung“* betrachtet (2005: 53).

Die obigen Ausführungen führen zu der Annahme, dass neue Sprachpraktiken in multikulturellen Kontaktsituationen die Gestaltung neuer Sprachstrukturen und grammatischer Innovationen herbeiführen (Wiese 2009: 783). Bei der Beobachtung der sprachlichen Kreativität in migrantenspezifischen Räumen ist allerdings zu beachten, dass es sich dabei nicht um bloße sprachliche Verhältnisse handelt. Das deutsch-türkische Mischungsinventar findet im Entwicklungsverlauf der Migrantensprache unterschiedliche Wirkungsbereiche. Die Wirkungen der migrationsspezifischen Verhältnisse auf sprachliche Kreativität beschreibt Pfaff folgendermaßen:

Several kinds of linguistic creativity arise in migrant situations. First, the creativity of actual speakers who, in responding to their changing communicative needs, create new „interlanguage" varieties of the two or more languages they use in the course of their daily interactions. These interlanguage codes draw on the speakers underlying, largely unconscious knowledge of linguistic principles of language contact and change. If the social circumstances support their stabilization, the result can be the development and establishment of mixed or sustantially changed codes. A further type of creativity is found in the language practices by which the speakers creatively employ their codes to mark the various identities they wish to emphasize in interaction in their daily lives. Thirdly, creative use of languages is found in conscious literary works which employ language to express the essence of the experiences of the migrants. (2005: 195)

Das oben angeführte Zitat illustriert, dass die sprachliche Kreativität von Migranten unter drei Aspekten betrachtet werden kann. Das heißt, dass gesellschaftliche Umbrüche und die sprachstrukturelle Verteilung der Mischformen paralell fortschreiten, wodurch drei unterschiedliche Dimensionen der sprachlichen Kreativität von Migrantenjugendlichen produziert werden: 1. Formen, die aus kommunikativen Bedürfnissen der jeweiligen Sprecher herausgebildet werden, 2. Formen, die die sprachlich-kreativen Sprachbenutzer als Identitätsmarker verwenden, 3. Formen, die in literarischen Werken bei der Widergabe von Erfahrungen von Migranten benutzt werden. Diese drei Dimensionen werden von Pfaff mit dem System einer *interlanguage* (*lingua franca*)[15]

15 Zur Verwendung des Türkischen in migrantenspezifischen Gebieten als eine Art lingua franca siehe Dirim & Auer 2004.

gleichgestellt. Sie hat dabei auf die kommunikativen und identitätsstiftenden Funktionen der Migrantensprache zurückgegriffen und sieht deren literarische Verarbeitungen als Musterbeispiele für sprachsoziologische Erfahrungen von Migranten an. Aus dem Kontakt zweier oder mehrerer Sprachen ergeben sich Varietäten wie *Kanak Sprak* und *Kiezdeutsch*, die literarisch bzw. künstlerisch verarbeitet werden und dadurch zu einem Wandel im gesamten Sprachsystem führen können.

Die Medien und zwischenmenschliche Beziehungen haben einen großen Einfluß auf die Verbreitung sprachlicher Innovationen im gesamten Sprachsystem. Androutsopoulos verweist explizit auf diesen Sachverhalt:

> *Es zeigt sich, dass die Verbreitung von Innovationen als Synergie zwischen mehreren Faktoren aufzufassen ist. Die sprachliche Akkomodation Erwachsener an Jugendliche, die Imitation massenmedialer Stereotype und die Mitnahme jugendsprachlicher Varianten ins Erwachsenenalter schließen sich nicht gegenseitig aus, sondern sind als parallel wirksame Prozesse anzunehmen.* (2005: 203)

Als Sonderfälle der Alltagspraxis stehen die Sprachvarianten in der alltäglichen Kommunikation nebeneinander, aber immer in Beziehung zueinander. Sie sind einerseits in sich geschlossen, aber stehen zugleich mit anderen Varianten im Zusammenspiel. Mit den Wechselbeziehungen zwischen innersprachlichen und außersprachlichen Faktoren werden soziokulturelle Wahrnehmungsweisen der jeweiligen Gruppe widergespiegelt und neue Sprachprozesse reproduziert. In diesem Zusammenhang sind *Kanak Sprak* und *Kiezdeutsch* begrifflich parallel wahrzunehmen, aber sie rufen, laut Wiese, soziokulturell ganz andere Konnotationen hervor (2006; 2009; 2012).

In einer großen Anzahl der Untersuchungen zu *Kanak Sprak* und *Kiezdeutsch* werden diese *Mischstile* aus einer soziolinguistischen Perspektive analysiert, jedoch sind auch noch Untersuchungen präsent, welche die linguistischen Besonderheiten der betreffenden Mischstile analysieren (Wiese & Freywald & Mayr 2010: 3). Es wird in keiner dieser Untersuchungen ein ausführlicher Vergleich zwischen diesen Formen gemacht[16]. Nur Wiese unter-

16 Zu den soziolinguistisch orientierten Untersuchungen siehe Eksner 2006; Androutsopoulos 2001 und 2007; Keim 2008 und zu den linguistisch orientierten Untersuchungen siehe Füglein 2000; Auer 2003; Dirim & Auer 2004; Pfaff 2005; Wiese 2006.

scheidet in ihren Arbeiten (2006; 2009; 2010; 2012) zwischen *Kanak Sprak* und *Kiezdeutsch*. Die Grenzen des Vergleichs betreffen aber eher soziolinguistische Aspekte der beiden Phänomene, die im Folgenden unter bestimmten Aspekten analysiert werden sollen. Zuvor sollen aber in den nächsten zwei Abschnitten dieses Kapitels die Definitionen, Entstehungen und Entwicklungen der einzelnen Begriffe *Kanak Sprak* und *Kiezdeutsch* behandelt werden. Danach werden im dritten Abschnitt dieses Kapitels die beiden Begriffe nach ihren Erscheinungsformen in unterschiedlichen Verwendungskontexten gegenüberstellt.

2.1 „*Kanak Sprak*" und ihre Verwendung bei Feridun Zaimoğlu

Feridun Zaimoğlu hat sich als einer der originalsten Schriftsteller in der neueren deutsch-türkischen Migrantenliteratur etabliert. Seine Werke tragen in mehrfacher Hinsicht historische und politische Züge der Migrantenbewegungen. Zaimoğlu thematisiert in seinen Romanen immer wieder die gesellschaftlichen Realitäten seiner Zeit. Berühmt ist er auch mit seinen Romanen, in denen er die „*Gesprächsprotokolle*" der türkischen Migranten präsentiert (Zaimoğlu 1995: 15). Mit Hilfe der betreffenden Gesprächsprotokolle, in denen er eine symbolische Sprache verwendet, versucht er den einander kulturell sehr fernen Gesellschaftsebenen das Migrationsgeschehen zu vermitteln.

Sein Roman „*Kanak Sprak. 24 Mißtöne vom Rande der Gesellschaft*" gehört hinsichtlich des ungewöhnlichen Sprachstils zu den sogenannten *Protestromanen*. Die Sprache des Romans ist die Sprache einer Rebellion und ignoriert alle ethnisch begründeten Sprachbarrieren und übersteht damit die sozialen Grenzen (Brunner 2004: 86f). In den von Zaimoğlu selbst aufgenommenen und poetisch bearbeiteten Protokollen kommen 24 „*Mißtöne*" türkischer Herkunft „*in ihrer eigenen Zunge zur Wort*" (Zaimoğlu 1995: 18) und drücken ihre Alltagserfahrungen im Migrantenmilieu aus. Zaimoğlu beschreibt die sprachlichen Besonderheiten der *Kanak Sprak* wie folgt:

Die Wortgewalt des Kanaken drückt sich aus in einem herausgepressten, kurzatmigen und hybriden Gestammel ohne Punkt und Komma, mit willkürlich gesetzten Pausen und improvisierten Wendungen. [...] *In seine Stegreif-Bilder und -Gleichnisse lässt er Anleihen vom Hochtürkisch bis zum dialektalen Argot anatolischer Dörfer einfließen.* (1995: 13)

Die oben zitierte Textstelle deutet daraufhin, dass diese *Mischsprache* globale Universalitätsbezüge umfaßt, d.h. mit ihrem herausgepreßten und kurzatmigen Sprechtempo dem schnellen Informationsaustausch des globalen Zeitalters entspricht.

In Zaimoğlus Roman „*Abschaum. Die wahre Geschichte des Ertan Ongun*" (1997) wird die Geschichte Ertan Onguns erzählt, wobei die Agressivität der türkischen Migranten und ihr Protest gegenüber der deutschen Mehrheit am Beispiel eines Gangsters dargestellt werden. Die Botschaft der Hauptfigur ‚Ertan Ongun' ist:

Wir sind die Kanaken, von denen ihr Deutschen immer gewarnt habt.
Jetzt gibt es uns, ganz eurem Bild und euren Ängsten entsprechend"
(Zaimoğlu 1997: 183)

Im Gegensatz zu den Romanen *Kanak Sprak* und *Abschaum*, in denen männliche Stimmen einer Straßenkultur mehr zu hören sind, werden in dem Buch „*Koppstoff. Kanaka Sprak vom Rande der Gesellschaft*" (1998) die Stimmen der Straße[17] nur mit Frauenprotokollen repräsentiert (Zaimoğlu 1998: 9). In dem Roman *Koppstoff* werden die Selbstbezeichnungen *Kanak* oder *Kanaken* von den Frauen mehr als ein Protestausdruck gebraucht, aber auch in manchen wenigen Fällen als Akzeptanz ihres Ausländerstatus im sozialen Leben[18] (Cheesmann 2004: 85f). Dem Roman wird die Funktion zugewiesen, die Bewusstwerdung von Kanaken und ihre Suche nach ihrem Planeten Deutschland in der Dichtung angemessen darzustellen (Brunner 2004: 86).

In allen drei Romanen strebt Zaimoğlu nach einer poetischen Schilderung der gesellschaftlichen Wahrheit und verfasst sein Stück als ein Verstoß gegen die Normen der deutschen Standardsprache und des deutschen Lebensstandards. Zaimoğlu bezeichnet seinen sprachlichen Verstoß „*Kanak Sprak*" folgendermaßen:

Die sprachliche Manifestation unserer Mobilmachung heißt Kanak Sprak, das ist das babylonische Kauderwelsch einer unbedingt auffälligen, unbedingt angestoßenen Generation, auf die dieses Land wirklich gewartet

17 Dirim & Auer stellen Hip-Hop als Stimme der Straße dar (2004: 5).

18 „All the characters assume the self-designation Kanake or Kanak as a gesture of defiance, or in a few cases more in resignation"(Cheesmann 2004: 85f).

hat. Darin finden sich Brocken aus dörflichen Dialekten und Anleihen aus dem Hochtürkischen genauso wie das metaphernreiche Slang-Stakkato der Straße und der Großstadtszenen. (2001: 15)

Vor diesem Hintergrund ist zu bewerten, dass die Sprachvariante *Kanak Sprak* eine Anspielung auf die Aktivierung eines revolutionären Selbstverständnisses ist. Wie in den Gesprächen der Nachfolgegeneration von Gastarbeitern zu sehen ist, manifestieren sich die negativen Alltagserfahrungen von Migrantenjugendlichen in ihrer metaphernreichen und zum Teil dialektalen Mischsprache. Es muss an dieser Stelle in Anlehnung an Füglein darauf aufmerksam gemacht werden, dass *„die Verwendung der Bezeichnung ‚Kanake' nur noch selten ein Ausdruck von Selbstbezichtigung und -degradierung ist, sondern vielmehr Indiz für ein wachsendes Selbstbewusstsein und einen lockeren, selbstironischen Umgang mit der eigenen Identität"* (2000: 7). Zaimoğlu parodiert in seinem Roman mit Hilfe sprachlicher Mischungen und Migrantenbildern die vorherrschenden kulturellen Grundsätze. Er hat moderne Revolutionäre geschaffen, deren einziges Protestmittel ihre Sprache ist.

An dieser Stelle ist es angebracht, auch die begriffliche Bedeutung und die sprachlichen Besonderheiten der *Kanak Sprak* zu besprechen. Begrifflich bedeutet das Wort *Kanake* Mensch. Es stammt aus dem Polynesischen und wird erst mit den Migrationsbewegungen zu einem politischen Kampfbegriff[19]. In der Studie von Füglein zeigen die Korpusanalyse und deren Ergebnisse, dass mit dem Begriff *Kanake* nicht nur türkische Migranten bezeichnet werden können, sondern auch andere Ethnien wie Griechen, Bosnier, Tunesier, Italiener und Afrikaner (Füglein 2000: 98). Die Autorin verweist auf die unterschiedlichen Erscheinungen von *Kanaken* überall auf der Welt, die im Unterschied zu den türkischen *Kanaken* mit anderen Bezeichnungen versehen worden sind, wie zum Beispiel die *Kanaken* in England mit indianischer Herkunft, die man *Curry* und die in den USA mit afrikanischer Herkunft *Nigger* nennt (Füglein 2000: 6). Oft wird der türkische Kanake in der Literatur dem amerikanischen Nigger gleichgestellt, weil sie beide als Außenseiter das gleiche soziale Schicksal teilen. Beide werden aus der Mehrheitsgesellschaft ausgegrenzt,

19 siehe dazu Amirpur, Donja (2011): Sprachvariationen in deutschen Ghettos. In: Migration – Integration – Diversity: STADT & INTEGRATION: http://www.migration-boell.de/web/-integration/47_1095.asp

indem sie mit negativen Bezeichnungen versehen worden sind. Die folgende Textstelle aus dem Roman *Kanak Sprak* soll diesen Sachverhalt illustrieren:

Honey, ich liefer dir den rechten zusammenhang, du willst es wissen, ich geb dir das verschissene wissen: wir sind hier allesamt nigger, wir haben unser ghetto, wir schleppen's überall hin, wir dampfen fremdländisch, unser schweiß ist nigger, unser leben ist nigger, die goldketten sind nigger, unsere zinken und unsere fressen und unser eigner stil ist so verdammt nigger, daß wir wie blöde an unsrer haut kratzen, und dabei kapieren wir, daß zum nigger nicht die olle pechhaut gehört, aber zum nigger gehört ne ganze menge anderssein und andres leben. Die haben schon unsre heimat prächtig erfunden: kanake da, kanake dort, wo du auch hingerätst, kanake blinkt dir in oberfetten lettern sogar im traum, wenn du pennst und denkst: joker, jetzt bist du in deiner eigenen sendung.
(Zaimoğlu 1995: 25)

Aus dem obigen Zitat geht deutlich hervor, dass der amerikanische *Nigger* bzw. der türkische *Kanake* eine Randgruppe bilden, die wegen ihrer sprachlichen und kulturellen Andersheit aus der Mehrheitsgesellschaft ausgegrenzt werden. Zusammenfassend lässt sich sagen, dass die Etikettierung einer ethnischen Identität mit unterschiedlichen Bezeichnungen und die Entstehung neuer sprachlicher Variationstypen von der jeweiligen sozio-kulturellen bzw. soziopolitischen Situation der Gesellschaft abhängen. Mit neuen Selbstbezeichnungen und mit neuen Sprachtendenzen schaffen Migranten für sich neue Sicherheitsräume innerhalb der Mehrheitsgesellschaft.

Auffällig an Zaimoğlus Romanen ist die ironisch-humorvolle Rekonstruktion des sozialen Ausgleichsanspruchs türkischer Migranten mit den Deutschen. Aus dieser Sicht betrachtet, sind die verbalen Aneignungsstrategien türkischer Migrantenjugendliche, wie sie von Zaimoğlu inszeniert werden, als Ausdruck ihres Gerechtigkeitsstrebens zu interpretieren. Somit wird Zaimoğlu zum „*Sprachrohr einer frustrierten jüngeren Generation*“ (Brunner 2004: 96). An dieser Stelle ist darauf hinzuweisen, dass durch die charakteristische und einflussreiche Sprache von *Kanak Sprak*, die Füglein als „*sprachliche Reorganisation*“ (2000: 9) bezeichnet, die Migranten der 2. und 3. Generation ihre Ausprägungen im Migrationsalltag neu verhandeln können. Es ist offenkundig, dass damit nicht nur eine Reorganisation von einer Sprache, sondern auch eine Reorganisation der sozialen Lokalisierung von einer ethnischen Kultur vorangetrieben werden kann.

Im weiteren Verlauf dieses Abschnitts wird auf die sprachlichen Merkmale der *Kanak Sprak* näher eingegangen, um die Strukturbesonderheiten dieser Sprachvariante aufzudecken. In dem unten folgenden Beispiel wird der Migrantenjugendliche Osman von der Interviewerin befragt, wobei in seinen Aussagen für die Kanak Sprak typische Strukturen veranschaulicht werden:

	Ja, was macht ihr in den Ferien?
Osman:	Ich fliege **Türkei**. Ich **bleib nich** hier. [...] Zuerst nach Italien, dann nach Türkei.
	Und mit wem, mit Deinen Eltern?
Osman:	Mit meinen Eltern, mit mei/also ich **fahr** alleine mit **meim**, äh, groβen Bruder nach Italien, meine Eltern gehen schon mal, von dort, äh, fliegen wir dann **Türkei**.

(Füglein 2000: 64)

Die auffälligste Struktur der *Kanak Sprak* in dem oben angeführten Interview-Beispiel ist die Verwendung des Substantivs *Türkei* ohne Artikel und Präposition ([*in die*] Türkei, [*nach*] Türkei). In solchen Konstruktionen werden die lokalen Angaben und Determinierer für die Beschleunigung des Sprechtempos weggelassen, so wie man es in dem obigen Gesprächsausschnitt auch bei der verkürzten Verwendung der Verben *bleib, fahr*, der Possessivpronomen *meim* (*meinem*) und der Negationspartikel nich sehen kann. In dem unten angeführten Hörbeleg Fügleins werden unterschiedliche Gesprächssequenzen der türkischen Migrantenjugendlichen zusammengefasst, in denen ähnliche Konstruktionen vorkommen:

	Könnt ihr mir was über eure Schule erzählen, wie's hier abgeht?
Hakan:	Ja, paar dumme Lehrer, paar gute.
Sinan:	Gibt **Problem**? [zu Hakan, der von einem Gespräch mit ande ren Jugendlichen zurückkommt]
Hakan:	Alles gut ((Kopfschütteln und verneinender Schnalzlaut mit der Zunge))
Sinan:	Alle, die alt werden, **geh'n** dann **Türkei**.
Erkan:	Aber es gibt doch Türken, die reden Türkisch und dann, wenn das Wort nicht auf Türkisch gibt, dann sagen **sie's** Deutsch.

Sinan:	[…] ich **hab** „Mr. Nice Guy“ angeschaut, dann **hab** ich die nächste Woche Fernseher aufgemacht, **schau’** ich, **is** es schon im Fernseher.
Hakan:	Zum Beispiel die dritte Generation, die **ham** halt so **Babystimme**.
Hakan:	Ich **würd** gern **Berlin** gehen. Love-Parade und ganz laute Musik [Parade wird deutsch ausgesprochen]
Sinan:	[…] und in **Türkei** dann. fragen sie „Bist du Deutscher?“, wenn
man	„Ja“ sagt, dann **gibt’s** halt **Schlägerei**.

(Füglein 2000: 81)

Wie aus dem obigen Hörbeleg eindeutig erkennbar ist, begegnet man der Verwendung der artikel- und präpositionslosen Nominalphrasen in der Kanak Sprak oft. Die Nomen *Problem, Fernseher, Babystimme, Berlin, Türkei, Schlägerei* werden in den oben angeführten Gesprächssequenzen ohne lokale und determinierende Angaben gebraucht. Sie übernehmen in diesen Beispielen die Funktion einer Präpositional- bzw. Nominalphrase. Der kanaksprachliche Ausdruck *Gibt Problem?* lautet im Standarddeutschen *Gibt es ein Problem?*. Es wird bei diesem Ausdruck nicht nur der unbestimmte Artikel *ein* getilgt, sondern auch das Pronomen *es*. Auch die praktische Verwendung der Verben *geh'n, hab, schau', is, ham* (*haben*), *würd* und des Pronomens *es* sind für die *Kanak Sprak* typische Formen. Die sprechsprachliche Form des Pronomens es wird durch dessen Verschmelzung mit dem Verb geben (*gibt's*) und mit einem Pronomen der 3. Person konstituiert. Wichtig ist in diesem Zusammenhang hervorzuheben, dass diese sprechsprachlichen Auslassungen auf syntaktischer und morphologischer Ebene nur die Oberflächenstruktur der Sätze verändern, wobei die Tiefenstruktur der Sätze beibehalten wird.

Die sprachliche Reorganisation des Deutschen durch die ethnolektale Sprachvariante *Kanak Sprak* lässt sich im Folgenden in Anlehnung an Auer (2003: 257), Pfaff (2005: 205) und Deppermann (2007: 329f) wie folgt zusammenfassen:

1) Wegfall des Artikels:

- Erste sorge: identität, **ne** person sein. (Zaimoğlu 1995: 44)
- Der einheimische hat **für'n** kümmel ja zwei reservate frei […] (Zaimoğlu 1995: 31)

- […] ’n blechkamerad **mit’m** kopp in der schlinge und denn warten **auf’n** magischenakt, **auf’n** madonnenwunder (Zaimoğlu 1995: 31)
- […] und**’s** leben **’n** stück echt leichtermachen. (Zaimoğlu 1995: 66)
- […] hab ich jetzt **Gastschulantrag** (Füglein 2000: 66)
- Hast du **Problem**? (Füglein 2000: 80)
- Gibt **Problem**? (Füglein 2000: 81)
- Ich hab **deutschen Paβ** (Füglein 2000: 80)

2) Wegfall der Präposition:
- ich wohn ja **Karl-Preis-Platz** (Füglein 2000: 66)
- Wir gehen oft **Fitness** (Füglein 2000: 80)
- Gehst du **Konferenz**? (Füglein 2000: 106)
- Fährst du **Bamberg**? (Füglein 2000: 106)
- Wir waren schon Konzert in Frankfurt. (Füglein 2000: 146)
- der is sofort nächste **haltestelle** RAUSgestiegen (Dirim&Auer 2004: 206)

3) lexikalische Entlehnungen aus dem Englischen:
- Und der **cop** sagt dann **cool**: **baby**, ich bin, der ich bin, und was machst du in der gegend. (Zaimoğlu 1995: 92)
- […] und die ganz heiβe oberfesche krone is denn ’n **yankee-nigger**, auf den das einheimische mösenmonopol abfährt (Zaimoğlu 1995: 22)

4) sprechsprachliche und grammatische Reduktionen auf morphologischer und syntaktischer Ebene:
- […] mein einziges **hab** und gut **is** meine saubere moral […]. (Zaimoğlu 1995: 22)
- […] damit **andre nich drauflosgrabschen**. (Zaimoğlu 1995: 45)

Wie aus den oben angeführten Beispielen hervorgeht, kommen bei der Begegnung mit der fremden Kultur neue sprachliche Sonderformen auf. Durch diese besondere Art des Sprechens und durch die Einsetzung bestimmter Ausdrücke in ihren Gesprächen proklamieren die türkischen Migranten ihre kulturelle Andersheit gegenüber der deutschen Mehrheitsgesellschaft.

2.2 „*Kiezdeutsch*“ und seine Verwendung bei Heike Wiese[20]

Seit den ersten Migrantenbewegungen in den 60er Jahren werden die Gastarbeiter als die *Schwachstelle* der Migrationsgeschichte angesehen. Im Gegensatz zu Jüngeren wird die erste Generation der Arbeitsmigranten als „*zurückgebliebene Türken*“ (Keim 2008: 420) kategorisiert, die sowohl sprachlich als auch sozial zurückgeblieben sind. Forschungsberichte darüber haben die Sprache dieser Generation in Bezug auf die Interferenzerscheinungen im Sprachsystem hin untersucht und betrachten sie deswegen als *Sprachverfall* (Keim 1984; Deppermann 2007: 325). Mit der Bezeichnung *Kanake* und der damit verbundenen *Kanak Sprak* haben sich die Türken von ihren Schwächen herausgelöst und als „*eine kriminelle Ghetto-Untergrundkultur*“ (Dirim & Auer 2004: 6) neue Konnotationen hervorgerufen, die insbesondere in die Medien, in Comedy-Shows eingedrungen sind (Androutsopoulos 2001; 2005; 2007; Wiese 2006: 252). Der Begriff *Kanak Sprak* fungiert hier als poetische Artikulation des Ausländerseins. Trotz des Protestcharakters dieses Begriffs werden die negativen Vorstellungen über die türkischen Migranten und ihre Sprache immer noch beibehalten (Wiese 2006; 2009; 2012). Die Sprachwissenschaflerin Heike Wiese hat dagegen argumentiert und lieferte neue Ansichten über den Sprachgebrauch von Migranten. Sie untersuchte die sprachlichen Motivationen von Jugendlichen mit Migrationshintergrund und stellte dabei fest, dass der aktuelle Sprachgebrauch von diesen Jugendlichen mit der Unvollkommenheit des Gastarbeiterdeutsches und mit dem schlechten Ruf der *Kanak Sprak* nicht mehr zu vereinbaren ist. Gegen diejenigen Betrachtungen, die bis heute die sprachlichen Neuerscheinungen im Migrantenmilieu einer unproduktiven Sprachform unterordnen, führt Wiese mit dem Begriff Kiezdeutsch eine Gegenthese an. Nach Wiese ist „*etwa seit Mitte der 90er Jahre* […] *mit dem Begriff Kiezdeutsch eine Jugendsprache in den Blick der Öffentlichkeit getreten, die sich in Wohngebieten mit hohem Migrantenanteil ausgebildet hat*“ (2010: 33).

Begrifflich bedeutet *Kiez* kleiner – besonders berlinischer – Stadteil (Wahrig 2000: 832). Wiese übersetzt das Wort Kiez ins Englische mit „*hood*“ (2006:

20 Prof. Dr. Heike Wiese ist Sprachwissenschaftlerin an der Universität Potsdam und Leiterin der Forschungsprojekte „Kiezdeutsch: Nicht nur ‚Kanak Sprak‘“ (2007) und „Grammatische Reduktion und informationsstrukturelle Präferenzen in einer kontaktsprachlichen Varietät des Deutschen: Kiezdeutsch“ (2008/2011). Sie ist zugleich Begründerin des Infoportals zu Kiezdeutsch (URL: www.kiezdeutsch.de) (siehe zu ausführlichen Informationen über Heike Wiese: http://www.uni-potsdam.de/u/germanistik/fachgebiete/geg-spr/seite.php?id=hwiese)

245; 2009: 783), was im Deutschen den Begriffen *Vortstadt*, Vorort oder Ghetto entspricht. Die Migranten halten eine deutliche Distanz zum gesellschaftlichen Alltag und suchen in Ghettos – also im Kiez – der Groβstadt Zuflucht vor der deutschen Mehrheitsgesellschaft. Dabei dient ihre Sprache als Medium, das den Blick auf Migranten und auf ihre Beziehung zur sozialen Umwelt und zur Mehrheitskultur ermöglicht. Der Anwendungsbereich von *Kiezdeutsch* erstreckt sich über die Grenzen des Migrantenghettos hinaus und verbreitet sich selbst unter den Muttersprachlern. Es wird nicht nur von ethnischen Gruppen gesprochen, die türkisch, kurdisch, arabisch und persisch als Muttersprache haben, sondern auch von den Deutschen (Wiese 2006, 2009, 2010, 2012; Dirim & Auer 2004).

Durch die spezifische Behandlung einer migrantenspezifischen Jugendsprache unter dem positiven Ausdruck Kiezdeutsch haben die Diskussionen, die die sprachlichen Tendenzen von Migranten immer als Verfall des Standarddeutschen betrachtet haben, an Aktualität gewonnen. Heike Wiese verweist in dem unten folgenden Zitat auf die negative Betrachtung des Kiezdeutschen in der öffentlichen Diskussion:

Kiezdeutsch wird als „gebrochenes Deutsch" angesehen, als aggressives „Gossen-Stakkato" integrationsunwilliger Jugendlicher, das auf „Spracharmut" und „sprachliches Unvermögen" hinweise, eine „Verhunzung des Deutschen", die zum „Verfall unserer Sprache" beitrage. (2010: 34)

Der Begriff *Kiezdeutsch* verschafft einen neuen Hintergrund, mit dessen Hilfe sich das Migrationsgeschehen von früheren negativen Vorstellungen isoliert und sich zu einem sprachlichen *Speziallfall* (nicht *Sprachverfall*!) entwickelt. Das Spezifikum und die Eigenart des *Kiezdeutschen* hängen mit unterschiedlichen Faktoren zusammen, wie sie von Wiese in der folgenden Abbildung skizziert werden:

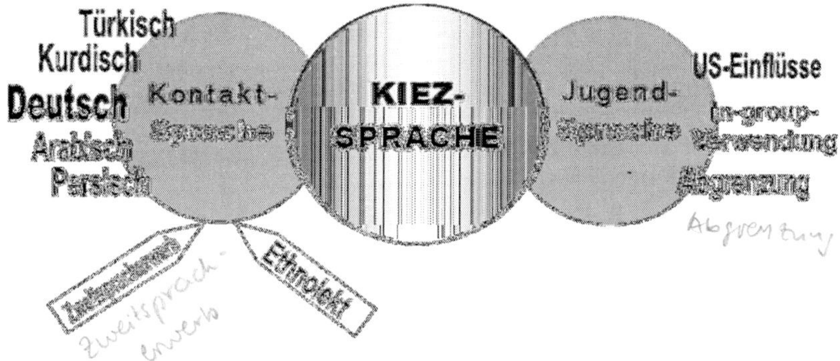

Kiez-Sprache als Jugend- und Kontaktsprache (Wiese 2006: 251)

Wie die obige Skizze belegt, werden die sprachlichen Neuerungen im *Kiezdeutsch* im Zusammenhang mit den kontakt- und jugendsprachlichen Merkmalen zur Kenntniss genommen. Wie der Skizze abzulesen ist, hat *Kiezdeutsch* ein breites Merkmalspektrum, welches die Charakterzüge einer Kontaktsprache und auch einer Jugendsprache umfasst. Die Anzeichen einer Kontaktsprache sind dabei auf die Verwendung von *Kiezdeutsch* durch die Sprecher unterschiedlicher Herkunftssprachen zurückzuführen und auf die Wirkung der Ethnolekte und des ungesteuerten Zweitspracherwerbs auf die Sprachverwendung (Wiese 2006: 251). Laut Wiese ist die Kiez-Sprache *„eine jugendsprachliche Varietät, die sich in urbanen Wohnvierteln mit hohem Migrantenanteil ausgebildet hat"* (2006: 247). Der jugendsprachliche Charakter von *Kiezdeutsch* kennzeichnet sich z.B. durch die Verwendung US-amerikanischer Ausdrücke, die Begrenzung auf in-group-Kommunikation und durch die Abgrenzung gegenüber Anderen (Wiese 2006: 251).

Als Beispiele zu den oben erwähnten Merkmalkategorien sollen folgende Sätze aus dieser Jugendsprache dienen:

„Lassma Viktoriapark gehen, lan."
„Ich höre Alpa Gun, weil der so aus Schöneberg kommt."
„Ich hab meiner Mutter so Zunge rausgestreckt, so aus Spaß. Wallah."
Wiese 2010: 33)
„ey wie die AUSsieht wallah" (Wiese u.a. 2010: 10)
„Wallah, den kenn ich!"
„Kai hat andere Meinung" (Wiese u.a. 2010: 52)

Das Auffällige an diesen Beispielsätzen ist, dass die neuen Strukturen im *Kiezdeutsch* eine eigene Systematik aufweisen, die sich insbesondere am faszinierenden Gebrauch von neuen Partikeln und fremdsprachlichen Lexemen sowie auch an der Reihenfolge der sprachlichen Einheiten auf der Satzebene bemerkbar macht. Die Strukturbesonderheiten der *Kiez-Sprache* lassen sich durch ihre Produktivität in den Bereichen wie Lexik, Aussprache, Satzreihe und Grammatik charakterisieren (Wiese 2006: 248ff, 2009: 785ff). Die Übernahme der Lexeme *lan* und *Wallah* aus dem Türkischen und Arabischen, das Fehlen des Artikels und der Präposition vor dem Wort *Viktoriapark*, der Ausfall des unbestimmten Artikels *eine* vor dem Nomen *Meinung*, die neue Partikelsetzung *lassma* und der Gebrauch des Partikels *so* sind Belege für kiezsprachliche Strukturen in den obigen Beispielen. Die sprachliche Effizienz des *Kiezdeutschen* gegenüber dem Standarddeutschen liegt darin, dass die Innovationen weit über den Gebrauch fremdsprachlicher Elemente und neuer Partikelsetzungen im lexikalischen System hinausgehen und vor allem auch in das grammatische System eindringen (Wiese 2006: 269).

Es wurde bereits in diesem Abschnitt darauf hingewiesen, dass sich die *Kiez-Sprache* durch ihre Produktivität und durch ihre Verbreitung unter deutschen Muttersprachlern auszeichnet. Daraus resultiert, dass die *Kiez-Sprache* in Kategorien eingeteilt werden muß, die jeweils die besonders produktiven und eigenständigen Aspekte dieser Migrantensprache beleuchten. Es ist davon auszugehen, dass *Kiez-Sprache* der einzige Oberbegriff ist, worunter der sprachliche und damit auch der soziale Status von türkischen Migranten in der Öffentlichkeit positiv bewertet werden. Das Wiederaufgreifen des Themas von Wiese als eine eigenständige Varietät stellt im Migrationsgeschehen einen Durchbruch dar: Mit dem Begriff *Kiezdeutsch* rekapituliert Heike Wiese den Mythos von der migrantenspezifischen Jugendsprache.

2.3 Entwicklungstendenzen und Erscheinungsformen der beiden Sprachphänomene im Deutschen: ein Vergleich

Nachdem bisher die sozialen Entstehungsumstände und theoretischen Bedeutungskonstruktionen zu den Sprachvarianten *Kanak Sprak* und *Kiezdeutsch* erläutert wurden, sollen nun in den folgenden Teilabschnitten dieses Kapitels jene Aspekte, die die beiden Sprachphänomene voneinander unterscheiden, ausführlich untersucht werden. Die betreffenden Aspekte sollen einen repräsentativen Überblick über das Kategorisierungsverfahren von kanak- und kiezsprachlichen Strukturen in unterschiedlichen Kontexten geben. Es sollte hervorgehoben werden, dass *Kanak Sprak* und *Kiezdeutsch* von der Form und Funktion her in vier Kategorien voneinander zu differenzieren sind. Ferner sollen zwecks Aufschlüsselung der spezifischen Konstellationen von *Kanak-* und *Kiez-Sprache* in mehrsprachigen Kontexten die Begriffe *Medienkonzeption, Stil* bzw. *Varietät, Hybridität, Ethnolekt* bzw. *Multiethnolekt* erklärt werden.

Vor diesem Hintergrund sollen die Diversitäten zwischen *Kanak Sprak* und *Kiezdeutsch* in vier Stufen modelliert werden:

1. Erscheinungsformen in den Medien
2. Entwicklungstendenzen von Gesprächstilen zu eigenständigen Varietäten
3. Erscheinungsformen in mehrsprachigen Kontexten
4. Entwicklungstendenzen von Ethnolekten zu Multiethnolekten

Es ist hervorzuheben, dass bei dieser Unterteilung die Grenzen zwischen einzelnen Kategorien fließend sind. Anhand der hier vorgestellten Analysekategorien und deren Beziehungen untereinander sollen im Folgenden *Kanak Sprak* und *Kiezdeutsch* gegenübergestellt werden.

2.3.1 *Kanak Sprak* und *Kiezdeutsch* in den Medien als soziokulturelle Stereotypen

Längst wurden die Medien zu öffentlichen Schauplätzen, wo die sprachlichen und sozialen Defizite von jungen Migranten künstlerisch veranschaulicht werden. In unterschiedlichen Medienkontexten werden die Lebensformen der Ausländer als ein Fernleben und ihre Sprachpraktiken als eine Fehlsprache porträtiert. Die Massenmedien unterscheidet Androutsopoulos (2001: 5) in sprech- und schriftsprachlichen Gattungen: Zu den schriftsprachlichen Mediengattungen gehören literarische Texte, Zeitungen, Comics, Web-Seiten und zu den sprechsprachlichen Gattungen gehören Comedy-CDs, Radio-Shows, Songtexte, Werbespots, Filme oder Talkshows. *Kanak Sprak* erscheint auf der medialen Diskussionsfläche erst als literarischer Text und dann wird sie zum Gegenstand von Comedy-Shows und Filmen. Die Verbreitung der *Kanak Spraks* unter Jugendlichen beginnt mit Zaimoğlus Roman, erreicht aber mit der Thematisierung in visuellen Medien ihren Höhepunkt. Bemerkenswert ist dabei die Wirkung des Fernsehens als Vorbild für die Sprachmoden. Denn das Medium Fernsehen hat einen effektiven Einfluss auf die Verbreitung der Sprachmoden unter Jugendlichen mit und ohne Migrationshintergrund (Androutsopoluos 2005: 189). In diesem Zusammenhang sollen im Folgenden die Erscheinungsformen der Migranten in den betreffenden Medienkontexten hinsichtlich der Begriffe *Stereotypisierung, Stigmatisierung, Stilisierung* und *symbolische Imagination* kurz umrissen werden. Zusätzlich soll gezeigt werden, inwieweit die Migranten und ihre Sprache von verzerrten Migrantenbildern in den Medien beeinflusst werden. Ergänzend dazu werden am Beispiel der *Kanak Sprak* und des *Kiezdeutschen* die Einordnungen der Migranten in der Mehrheitsgesellschaft im Hinblick auf ihre medialen Ausprägungen diskutiert. Desweiteren wird dabei der Versuch unternommen, die Fragen, wie die Sprache, das Sprachbewuβtsein und die Sprachwandelprozesse in den Medien thematisiert und in welchem Maβe sie von diesen beeinfluβt werden, zu beantworten (Füglein 2000: 146).

In gewisser Hinsicht sind die visuellen Medien, wo die Bilder aus Jugendszenen am häufigsten skizziert werden, zentrale Aktionsräume der *Comedy-Shows*. Vor allem in den 90er Jahren spricht man vom Boom der „*Ethno-Comedy*“, wobei der Ausdruck *Kanak Sprak* und seine Träger die Kanaken mit Ironie behandelt werden (Dirim & Auer 2004: 8). *Erkan&Stefan* und *Kaya Yanar* sind bekannte Ethno-Comedianten aus dieser Zeit, die aus unterschiedlichen Ghetto-Szenen Migrantenbilder präsentieren und anhand dieser Bilder die negativen Erfahrungen von türkischen Migranten in der Aufnahmegesellschaft kritisieren. Kaya Yanar lehnt es z.B. ab, seine Comedyshow „*Was guckst du*“ als Ethno-Comedy zu bezeichnen, statt dessen bevorzugt er den Begriff „*Multikulti- oder Kultur-Comedy*“ (Spiegel-Online Kultur – 27.04.2002), weil in seinen Comedyshows sowohl In- als auch Ausländer vorkommen. Kaya Yanar äuβert sich über seine „Kultur-Comedy“ wie folgt aus:

Das ist für mich der ausländische Blickwinkel auf die Deutschen, der deutsche Blickwinkel auf die Ausländer, der ausländische Blickwinkel auf die Ausländer und der deutsche Blickwinkel auf die Deutschen. Jeden erwischt es mal. [...] *Mein Humor ist nicht wirklich verletzend. Obwohl*

meine Gags Unterschiede aufzeigen, trennen sie die Menschen nicht, sondern versöhnen sie vielleicht sogar miteinander. Denn wirklich jeder bekommt auf eine warmherzige, freundliche Art und Weise den ein oder anderen Seitenhieb, so dass alles in der Waage bleibt.
(Spiegel Online Kultur – 27.04.2002)

Hierbei wird erkennbar, dass innerhalb der *Kultur-Comedy* das Migrationsgeschehen und die Migrantensprache aus türkischer und deutscher Sicht humorvoll diskutiert werden. Dabei kommen sowohl die Einsichten der Türken über die Deutschen als auch die Einsichten der Deutschen über die Türken zu Wort. Der spielerische Raum der Comedy bildet daher eine der wichtigsten Anknüpfungspunkte zwischen Medien und Sprache. Durch diese Comedy-Shows werden Mischformen unter türkischen wie auch unter deutschen Jugendlichen populär, indem die Jugendlichen in ihren Gesprächen Ausdrücke aus der stilisierten *Kanak Sprak* einsetzen (Deppermann 2007: 326; Androutsopoulos 2005: 188).

Mit der Popularisierung von Migrantensprachen in visuellen Medien wurde eine „*Kanaksprak-Welle*" ausgelöst, und infolgedessen wurden Ausdrücke bzw. Kollokationen wie etwa *voll krass, voll geil* und *voll fett* aus dieser stilisierten Sprachvariante *Kanak Sprak* in die bereits vorhandene Umgangssprache integriert (Androutsopoulos 2005: 189; 197). Auch das Comedy-Duo *Erkan&Stefan* beschreibt ihre Sprache als „*krass ansteckend*" (Spiegel-Online 18.04.2000). Von der *Kanaksprak*-Welle beeinflusst, haben sie neue Wortschöpfungen entwickelt:

Brontal. Das ist eine Entwicklung aus Frontal, brutal und total. So sagst du praktisch drei Wörter auf einmal, bist dreimal so schnell. Das ist Wort-Tai-Chi. (Spiegel-Online 18.04.2000)

Wie Erkan und Stefan oben ausgeführt haben, ist der Gebrauch von dem Wort *brontal* praktisch. An diesem Ausdruck ist die Wirkung des globalen Zeitalters auf den Sprachgebrauch eindeutig zu erkennen. Die Verwendung solcher Zusammensetzungen von Erkan&Stefan in den Medien haben dazu beigetragen, dass der Ausländerslang sich unter Jugendlichen leichter verbreitet hat (Füglein 2000: 102).

Über die Erscheinungsformen von Migranten in medialen Diskursen werden in zahlreichen Untersuchungen (Androutsopoulos 2001, 2001a, 2005,

2007; Keim & Androutsopoulos 2000; Füglein 2000; Auer 2003; Dirim & Auer 2004; Kotthoff 2004, Deppermann 2007) zwei zentrale Thesen angeführt: Die erste These besagt, dass in Comedy-Shows mit Sprachkarikaturen nicht nur die Diskriminierungsgedanken der Deutschen reflektiert werden, sondern auch, so die zweite These, die kulturellen Selbstrezeptionen der türkischen Ausländer als Gegenentwurf dazu. Durch die Studie von Füglein wird belegt, dass in den Medien nicht nur die Sprachrealität der türkischen Ausländer widergespiegelt wird, sondern auch jener Sachverhalt, dass nämlich kanaksprachliche Ausdrücke aus gebrochenem Ausländerdeutsch Mode geworden sind (Füglein 2000: 146). Auf den selben Sachverhalt weist auch Androutsopoulos hin, in dem er sich folgender Weise ausdrückt:

Ich unterscheide zwischen Medien als Quellen für Sprachmoden einerseits und Medien als Indikatoren für die gesellschaftliche Verbreitung soziolektal markierten Wortschatzes andererseits. (2005: 173)

Zusammenfassend kann man sagen, dass die Medien ein breites Wirkungsspektrum haben, das von Kulturkritik über das Fremde bzw. die fremde Sprache bis hin zur deren Anerkennung und Aufnahme in das Eigene bzw. die eigene Sprache reicht.

In unterschiedlichen Medienkonzeptionen werden ethnolektale Formen der Jugendlichen unter dem Typus „*Spott-Varietät*" (Auer 2003: 260; Dirim & Auer 2004: 217) subsumiert. Dabei werden sprachliche Tendenzen von Migranten in TV-Shows persifliert, karikiert und parodiert widergegeben. In allen medialen Inszenierungen der Migranten werden karikaturhafte Prototypen von Gastarbeitern, aber insbesondere von Kanaken, d.h. von türkischen Migranten zweiter Generation, präsentiert. *Kiezdeutsch* kann man nicht in die Kategorie der *Spott-Varietäten* einordnen. Wie bereits angedeutet, wird *Kiezdeutsch* im Gegensatz zu *Spott-Varietäten* in der öffentlichen Diskussion immer mit positiven Konnotationen versehen. In diesem Zusammenhang ist die Bezeichnung *Spott-Varietätet* als Äquivalenz des Begriffs „*stilisierte Varianten*" zu betrachten (Wiese 2006: 252). Ihrer Meinung nach unterscheiden sich stilisierte Varianten von nicht-stilisierten nach ihren Gebrauchskontexten. Während nicht-stilisierte Varianten im Kontakt Jugendlicher unterschiedlichen ethnischen Hintergrunds entstehen, werden stilisierte Varianten in Comedy-Shows verwendet (ebd.). Vor diesem Hintergrund erklärt Wiese die Ausbreitung der multiethnischen Jugendsprachen auf Sprecher der Majoritätssprache einerseits durch die direkte Kontaktaufnahme zu den Sprechern mit Migrationshintergrund oder andererseits durch die Vermittlung der Medien (ebd.). Dieser Sachverhalt wird von Wiese in folgender Weise beschrieben:

> *Nicht-stilisierte Varianten verbreiten sich durch Kontaktsituationen, wie sie im Kontext gemeinsamer Aktivitäten von Jugendlichen unterschiedlichen ethnischen und sprachlichen Hintergrunds entstehen, insbesondere durch den gemeinsamen Schulbesuch.* [...] *Stilisierte Varianten breiten sich demgegenüber auf Sprecher anderen ethnischen Hintergrunds, und insbesondere auf Sprecher der Majoritätssprache, durch mediale Vermittlung aus, vor allem durch Comedy-Shows und Filme.* (2006: 252.)

Während *Kanak Sprak* mit all ihren Strukturen und Formen als stilisierte Sprachvariante gilt, wird *Kiezdeutsch* im Gegensatz dazu zu nicht-stilisierten Varianten gezählt (ebd.). Denn *Kiez-Sprache* entsteht durch den Sprachkontakt zwischen den Migranten und drückt ihre Kollektiverfahrungen in multiethnischen Wohngebieten aus (ebd.). Das *„Stylized Asian English"* (2005) von Rampton, das von Eksner als *„Stylized Türkish-German"* (2006) übernommen und für kanaksprachliche Ausdrücke angewandt wird, ist, wie bereits in dem Wort *Stylized* zum Ausdruck kommt, ein grundlegendes Beispiel für stilisierte Varianten. Wiese (2006: 252; 2009: 784) führt in diesem Zusammenhang folgende Beispiele für stilisierte Varianten aus unterschiedlichen Ländern an: *Murks* („Marokkanisch-Türkisch"), *straattaal* (Nortier 2008), *Mock Rinkeby Swedish* (Stroud 2004) und *Kopenhagen Multiethnolekt* (Quist 2000; 2005).

An dieser Stelle erscheint es als wichtig, vor allem die Typisierungen der Ausländer in vielfältigen Medienkontexten zu klären. Dabei wird vielmehr auf die Parodisierung von *Kanak Sprak* und ernsthafte Verwendung von *Kiezdeutsch* zurückgegeriffen. Die Figurenkonstellationen der Ausländer lassen sich in zwei Antitypen einteilen: *negative Stereotypisierungen* und *negative Stigmatisierungen*[21]. Ersichtlich werden an diesen Antitypen bestimmte Rollenklischees, die am Beispiel von Kanaken die Fremdwahrnehmungen von Deutschen figurieren. Medien fungieren hier als Werkzeuge, wodurch junge

21 Zum Begriff „negative Stereotypisierung" siehe Androutsopoulos (2001, 2007) und Wiese (2006,2009,2012) und zum Begriff „Stigma" und seiner Verwendung in Bezug auf türkische Migranten siehe Sylvia Keim (2003).

Migranten als soziokulturelle Streotypen markiert werden (Androutsopoulos 2001: 7, 2007: 128ff; Wiese 2006: 252).

Der Begriff Stereotyp wurde von Walter Lippmann in seiner Studie *„Public Opinien“* (1922) eingeführt. Er unterscheidet zwischen *„pictures in our heads“* und *„the features in the word outside“* (Lippmann 1922 zit. n. Geißler 2000: 132). Demnach sind in den Gedächtnissen der Deutschen bestimmte Bilder vorhanden, die durch türkische Migranten assoziert werden. Diese Bilder können mit Hilfe der Medien manipuliert werden und infolgedessen die gesellschaftliche Realität verändern. Dadurch entstehen *Stereotypen*, die gegen Migrantengruppen gerichtete Vorurteile visuell gestalten. Nach Bußmann ist das *Stereotyp*:

> *ein Terminus zur Bezeichnung von gruppenspezifischen, durch Emotionen geprägten, meist unbewussten, stark verfestigten (Vor-)Urteilen. Das Stereotyp als ‚Beurteilungshilfe‘, das sich vor allem gegen rassistische, nationale, religiöse oder berufliche Gruppen richtet, erfüllt in persönlichen oder öffentlichen Konfliktsituationen eine Entlastungsfunktion.*
> (2002: 651)

Es ist klar, dass bei dem Stereotypisierungsprozess nicht die Migrantengruppen oder ihre Sprache im Vordergrund stehen, sondern ihre symbolischen und von Deutschen projizierten Rollen. Die negativen Stereotypisierungen von Ghettojugendlichen hängen von den Befürchtungen und Bedürfnissen der deutschen Mehrheitsgesellschaft ab. Nur somit können die Deutschen ihre soziale Stelle verfestigen und die Ausländer im Migrantenmilieu einsperren. Mit den Stilisierungen von *Kanak Sprak* in Comedy-Shows wird die nötige Grundlage für negative Kategorisierungen begründet. So versuchen die Deutschen und die Migranten ihrerseits sich wechselseitig immer Grenzen zu setzen. Während die Migrantenjugendlichen mit ihrer Sprache eigene Grenzen gegenüber der deutschen Gesellschaft ziehen, zeigen die Deutschen ihre Ablehnung, in dem sie die türkischen Migranten mit der Bezeichnung Kanake geringschätzen. Durch visuelle Konstruktionen in Comedy-Shows werden die Migranten mit negativen Etiketten stigmatisiert. Stilisierte Varianten wie Kanak Sprak erscheinen in der Populärkultur entweder als Sprachkarikaturen oder als soziokulturelle Stereotypen (Androutsopoulos 2001, 2007). Unter diesen Gesichtspunkten betrachtet, fungiert der Begriff *„Kanake als negatives Stigma für Ausländer, besonders aber für Türken“* (Füglein 2000: 5). Goffman hat in seinem Buch „*Stigma. Über Techniken der Bewältigung beschädigter Identität*“ (1967) folgende Überlegungen zum Begriff Stigma angeführt:

Es hat ein Stigma, das heißt, es ist in unerwünschter Weise anders, als wir es antizipiert hatten. Uns und diejenigen, die von den jeweils in Frage stehenden Erwartungen nicht negativ abweichen, werde ich die Normalen nennen. (1967: 13)

Anderssprechende, Andersaussehende, also Andersartige werden von Goffmann in einen bestimmten Rahmen gedrängt. In diesem Rahmen werden die Ausländer und ihre vom Standard abweichende *anormale Sprache* mit negativen Etiketten stigmatisiert. Geißler kommt in Anlehnung an Lippman zu dem Ergebnis, dass „*die pictures in our heads von den Strukturen der Welt außerhalb* [...] *völlig anders aussehen* (können) *als die äußere Realität selbst*“ (2000: 132). In der Konstruktion von Migranten als Stigma und Stereotyp sieht man zwei unterschiedliche Ebenen (imaginative- und reale). Auf der imaginativen Ebene werden die türkischen Kanaken in Ghettos abgesondert und ihre Sprache *Kanak Sprak* von Deutschen nur für Degradierungszwecke benutzt. Als Gegenentwurf zu negativen Behauptungen entstehen dabei zuletzt sprachliche Neudefinitionen wie *Kiezdeutsch*, die sprachlich und sozial ernst genommen werden sollen. Auf der realen Ebene werden im Gegensatz dazu mit *Kiezdeutsch* Selbstrezeptionen und Selbstkonzeptionen der Migrantenjugendlichen in Sprachkontaktsituationen realisiert. Daher ist *Kanak Sprak* als eine gesellschaftliche Imagination zu bezeichnen, die sich auf „*negativ eingefärbtes Zerrbild*“ (Geißler 2000: 132) von Migranten in den Medien bezieht. Das *imaginierte Kanak Sprak*[22] ist zugleich eine negative Utopie, die sich vor allem in humorvoll verhöhnenden Thematisierungen dieser sprachlichen Variante in den Medien zeigt. In dieser negativen Utopie wird eine Kanakengruppe geschafft, deren Imaginationen in der Mehrheitsgesellschaft von der sprachlichen und sozialen Wirklichkeit der Migranten stark abweichen.

22 Elisabeth Bronfen (1995: 408–445) hat die Weiblichkeitsbilder in der Gesellschaft und den Frauen zugeschriebene Rollen und Attribute mit dem Begriff „*imaginierte Weiblichkeit*“ erklärt. In diesem Zusammenhang übernehme ich diesen Begriff von Bronfen und werde ihn nun im Folgenden auf den Migrationskontext übertragen, mit dem die imaginierten Bilder von Migranten als Kanaken bezeichnet werden können.

2.3.2 *Kanak Sprak* und *Kiezdeutsch* als Stile und Varietäten im Gespräch

In der Forschung werden unterschiedliche Aspekte von verbalen Aneignungsstrategien Migrantenjugendlicher in der Mehrheitsgesellschaft sehr oft diskutiert. Im Zentrum der sprachwissenschaftlichen Auseinandersetzung mit der *„Mischsprachigkeit von Migrantenjugendlichen“* (Hinnenkamp 2005: 54) stellt sich die Frage nach Sprachsystemregeln, die von Jugendlichen im Gespräch produziert werden/die im Gespräch zwischen Jugendlichen entstehen. Im Gespräch legen Migrantenjugendliche ihre soziokulturelle Verankerung in dem Migrationsalltag und die jeweilige soziale und sprachliche Wirklichkeit mit systematischen und routinisierten Gesprächspraktiken stilistisch dar (Deppermann 2008: 9). Sprachliche und kommunikative Ressourcen von Migranten werden somit ins Zentrum der Aufmerksamkeit der Stil- und Varietätenforschung gerückt, weil die Stilkonstitutionen im Gespräch sich am deutlichsten in der Sprachverwendung von Migrantengruppen zeigen.

Einen sehr kritischen Punkt in der Geschichte der Mischsprachen bilden die Diskussionen um ihre sprachstrukturellen Klassifizierungen, ob sie eigenständige Sprachsysteme neben dem Deutschen darstellen oder nur kontextbezogene Erscheinungen sind (Hinnenkamp 2005; Keim 2008; Wiese 2006, 2009; Neuland 2003; 2003a, 2008). Zur Kategorisierung von migrantenspezifischen Strukturen werden unterschiedliche Begriffe gebraucht. Man unterscheidet dabei zwischen Stile und Varietäten, die mit der Popularisierung von *Kanak Sprak* und *Kiezdeutsch* an Relevanz gewonnen haben. Auf die Frage, ob diese Mischformen als jugendsprachliche Stile oder als Varietäten zu kategorisieren sind, haben Sprachwissenschaftler ganz unterschiedliche Ansichten geteilt. Für eine genauere Analyse der Sprachtendenzen Jugendlicher sollen im Folgenden die Bedingungen, unter denen sich stilistische und variationsspezifische Charakterzüge der Jugendsprache profilieren, im Überblick besprochen werden.

Der Begriff *Stil* bietet ein weites Feld an Realisierungsmöglichkeiten einer Gesprächssequenz, in denen ganz unterschiedliche sprachliche und gesellschaftliche Konventionen erkennbar werden (Sandig & Selting 1997: 2). Wie in den Arbeiten der linguistischen Stilistik werden auch in den kultursoziologischen, anthropologischen und ethnographischen Untersuchungen unterschiedliche Perspektiven bezüglich des Begriffs Stil eröffnet (Keim & Schütte 2002: 11; Keim 2008: 211).

In ihrer Beschreibung des Stils *„als interaktiv bedeutsames Phänomen“* verweisen Sandig und Selting auf Wechselverhältnisse zwischen Stil und sozialem

Sinn und fassen die Stile in ihren Realisierungskontexten als kontextabhängige Variablen auf, mit denen die Gruppenmitglieder unterschiedlich über entsprechende Formen verfügen (1997: 3). Das bedeutet, dass bei der Stilforschung nicht nur Gesprächssequenzen aus der alltäglichen Interaktion wichtig sind, sondern auch Lebenssequenzen aus dem sozialen Alltag.

Eine detallierte Untersuchung der kommunikativen Stile liefern die von Werner Kallmeyer geleiteten Projekte[23] und die Publikationen, die im Rahmen dieser Projekte veröffentlicht wurden, insbesondere das Projekt „*Kommunikation in der Stadt*" und „*Kommunikative soziale Stilistik*" (1998) sowie das Teilprojekt „*Deutsch-türkische Sprachvariation und die Herausbildung kommunikativer Stile in dominant türkischen Migrantengruppen*", die Kallmeyer zusammen mit Inken Keim geleitet hat. Kallmeyer weist auf die Bedeutsamkeit der Stile für die Hervorhebung der Andersartigkeit von Gruppen in bestimmten Milieus hin:

> *Stile sprachlichen Verhaltens sind ein wesentliches soziales Unterscheidungsmerkmal, und ihre Ausprägung ist mit der Ausbildung von sozialen Welten und der sozialen Identität von Gruppen und größeren Gemeinschaften verbunden. Ihre Analyse gestattet die Aufdeckung der sprachlichen Mechanismen von sozialer Trennung und Integration.* (1994: 30f)

Wie bereits mehrere Male in der vorliegenden Arbeit erwähnt wurde, geben die Individuen mit ihren Sprechweisen Bildausschnitte aus ihrem sozialen Leben. Somit werden mit sprachlichen Stilen die sozialen Stellungen von Jugendlichen reflektiert und ihre Lebensvorstellungen vermittelt. Es ist offenkundig, dass dabei nicht nur die physischen Aspekte der Sprachvariation untersucht werden, sondern auch die Rolle des Symbolischen bei kommunikativen Stilbildungsprozessen. Als Resultat der im Rahmen dieser Projekte durchgeführten Untersuchungen kann man feststellen, dass „*kommunikative Stile als Ausdruck der sozialen Identität*" (Kallmeyer 1994; Keim & Schütte 2002; Keim 2008) sich auf die Gesamtsprache und Gesamtgesellschaft auswirken und somit auch zu Änderungen in diesen Bereichen führen können.

23 Im Rahmen des Projekts Kommunikation in der Stadt wurden vier Bänder veröffentlicht. Die Deutsch-türkische Sprachvariation wurde auch von der Forschergruppe „Sprachvariation als kommunikative Praxis" (2000–2004) untersucht. In meinen Ausführungen über diese Projekte stütze ich mich auf die Informationen, die auf der Homepage der Projekte angegeben sind. Zur ausführlichen Information über die Projekte siehe Projektseite: http://www.ids-mannheim.de/prag/soziostilistik/

Auch Inken Keim hat in ihrer umfangreichen Studie „*Die türkischen Powergirls. Lebenswelt und kommunikativer Stil einer Migrantengruppe in Mannheim*“ (2008) am Beispiel einer türkischstämmigen Migrantinnengruppe der zweiten Generation die sprachlichen Entwicklungen junger Frauen bis zum Erwachsenenalter beobachtet und dabei die Verbundenheit des Stilbegriffs mit der Identität abgeklärt. In Auseinandersetzung mit der Elterngeneration und mit der deutschen Mehrheitsgesellschaft bilden diese jungen Frauen eigene kommunikative Stile (Keim 2008: 13). Das Bild der Migrantenwelt ist durch Vielfältigkeit von sprachlichen und sozialen Stiltendenzen Migrantenjugendlicher gekennzeichnet. Interressant an diesem Bild ist, dass die Sprachmuster als Realisierung bestimmter Wahrnehmungsmuster betrachtet werden. Vor diesem Hintergrund fasst Keim den Begriff *Stil* wie folgt zusammen:

> *Stil wird als Index für das kulturelle Selbstverständnis der Gruppe und stilistische Veränderungen, die im Laufe des Gruppenentwicklungprozesses beobachtbar sind, werden als Ergebnis der Auseinandersetzung mit veränderten Lebensbedingungen und als Indiz für ein verändertes kulturelles Selbstbild konzeptionalisiert.* (2008: 13)

Deutlich wird an Keims Aussage, dass bei dem Stilbildungsprozess den Gruppen eine ganze Reihe von sprachlichen Ausdrucksmöglichkeiten (Index) zur Verfügung stehen, womit sie ihre kulturellen Vorstellungen darstellen können. Sprachliche und kulturelle Stilmittel erweisen sich somit auch als Auslöser (Indiz) von veränderten Wahrnehmungsweisen der Gruppe. Deswegen gelten Stile zugleich auch als Statussymbol der betreffenden Gruppe. Vor diesem Hintergrund werden Stilbildungsprozesse als eine Art Imagearbeit von Migrantengruppen verstanden, weil im Verarbeitungsprozess der eigenen Stile ihr Selbstverständnis und ihre Fremdwahrnehmung ermittelt werden und infolgedessen die Gruppenprofile sprachlich neu strukturiert werden.

Nach diesem Überblick über die kommunikativen Stile und ihre Funktionen sollen im Folgenden unterschiedliche Auffassungen über den Begriff Varietät kurz umrissen werden. Den Grundstein der Varietätenforschung bildet Eugeniu Coseriu mit seinem dreidimensionalen Varietätenmodell. Er differenziert in seinem Modell drei Typen der Varietäten: die *diatopische* (räumliche Unterschiede im geographischen Raum; Dialekt), die *diastratische* (soziokulturelle Unterschiede zwischen den verschiedenen sozialen Schichten der Sprachgemeinschaft; Sprachniveau) und die *diaphasische* Varietät (Unterschiede zwischen den Typen der Ausdrucksmodalität, je nach dem welche Umstände beim Sprechen herrschen; Sprachstil) (1988: 25). Er stellt fest, dass die Grenzen zwischen diesen Varietätentypen fließend sind (ebd.). Mit dem diaphasischem Aspekt gibt er dem Begriff *Varietät* einen neuen Deutungsrahmen, in dem er dabei nicht nur die gruppenspezifischen Sprachstile, sondern auch die sprachstilistischen Beziehungen zwischen den unterschiedlichen Gruppen hervorhebt. Diesbezüglich ist zu betonen, dass die Einordnung des allgemeinen Begriffs Jugendsprache in eine bestimmte Varietätenklasse problematisch ist, weil ihre Beziehung zu anderen Gruppensprachen eine genaue Kategorisierung erschwert. Nach Löffler zeigt die Jugendsprache die Besonderheiten, die in allen oben genannten Varietätenklassen vorkommen und deshalb als Soziolekt oder Ethnolekt, als Alterssprache, als Sprache im Gegensatz zur Erwachsenensprache und als Sprache von Migrantenjugendlichen kategorisiert werden können (2005: 79–160).

Löffler richtet hierbei seine Aufmerksamkeit auf die „*Redekonstellationstypen oder auf sozio-pragmatische Bedingungen wie Individuum, Gruppe, Gesellschaft, Situation, Funktion*" (2005: 79) und versucht damit den Einfluss dieser Faktoren auf die Sprachvarietäten zu erklären. Er geht in seinem Aufsatz „*Wieviel Variation verträgt die deutsche Standardsprache? Begriffsklärung: Standard und Gegenbegriffe*" (2005a) davon aus, dass als Überschrift für das Thema die Frage „*Wieviel Standard verträgt die vielseitige variantenreiche deutsche Sprache*" (Löffler 2005a: 25) noch geeigneter sei. Eine ähnliche Auffassung haben auch Barbour und Stevenson in ihrem Buch „*Variation im Deutschen*" (1998) vertreten, indem sie das Deutsche als „*vielgestaltigste Sprache Europas*" (1998: 2) bezeichnen. In seinem breiten Varietätenspektrum, so Ammon, fungiert das Deutsche auch selbst als eine Varietät, nämlich als *Standardvarietät*, die „*in öffentlichen Situationen die sprachliche Norm bildet*" (1995: 73)

Im Varietätenraum des Deutschen heben sich migrantenspezifische Jugendsprachen, *Kanak Sprak* und *Kiezdeutsch* von anderen Sprachformen deutlich ab. Angesichts der oben angegebenen Begriffsvorstellungen über Stile und Varietäten bereiten die Zuordnungen von *Kanak Sprak* und *Kiezdeutsch* in diese Kategorien große Probleme. So schlagen Selting und Hinnenkamp vor, klare Grenzen zwischen Stil und Varietät zu ziehen:

Im Unterschied zu regionalen, sozialen, situativen und z.B. gruppenspezifischen Varietäten, die man isoliert voneinander und aus der klassifizierenden Perspektive des Wissenschaftlers als linguistische Subsysteme idealisiert und losgelöst von der konkreten Verwendungssituation beschreiben kann, werden Stile in konkreten Situationen/Verwendungszusammenhängen als sozial undinteraktiv interpretierte Strukturen/Einheiten/Merkmalbündel erfaßt bzw. als sich konstituierend aus sozial und interaktiv interpretierten Merkmalen. (1989: 5)

Es lässt sich zusammenfassend sagen, dass der Grundunterschied zwischen Stilen und Varietäten in ihrer kontextuellen Verwendung verankert ist. Während sich Stile im Rahmen einer *„interpretativ-soziolinguistischen Stilistik/Stilanalyse"* (Selting&Hinnenkamp 1989: 1) durch ihre Kontextabhängigkeit auszeichnen, werden Varietäten als ein Teil des linguistischen Systems beschrieben. Stile setzen sich aus unterschiedlichen kontextuellen Sachverhalten zusammen, die bezüglich ihrer Form und Funktion interpretiert werden können. Varietäten dagegen können unabhängig vom Kontext mit linguistischen Techniken ins Gespräch gesetzt werden. Auch im Migrationskontext dienen sprachliche Variationen nicht nur zur stilistischen Wiedergabe der Sozialwirklichkeit, sondern zur Herausbildung neuer Gesprächstile. Je nach Gruppe und je nach Kontext, und schließlich je nach Kommunikationspartner verfügen Individuen über entsprechende Gesprächsstile (Gumperz 1982). An dieser Stelle sollte auch hervorgehoben werden, dass sprachliche Ressourcen auch als kulturelle Ressourcen wahrgenommen werden, die sich für die Repräsentation des kulturellen Hintergrundwissens und damit zugleich auch für die Realisierung von kulturellen Komponenten einsetzen. Das wichtigste ist dabei die Harmonisierung der kulturspezifischen Bestandteile der Herkunftskultur mit denen der Aufnahmekultur auf sprachlicher Ebene schlechthin. Das soziostilistische Variationsmuster fungiert dabei als die Rekonstruktion kultureller und ethnischer Verhaltens-, Lebens- und Sprechweisen. So beschreibt Auer den Stil einerseits als eine *„Menge interpretierter, kookkurierender sprachlicher und/oder nichtsprachlicher Merkmale, die (Gruppen/Rollen) von Personen, Textsorten, Medien, etc. zugeschrieben werden"*, andererseits aber die Varietät als eine *„Menge interpretierter oder uninterpretierter stark kookkurierender grammatischer Merkmale, die gegen andere Varietäten im Repertoire abgegrenzt und (oft) bewußt/benennbar sind"* (1989: 30). Meist wird der Begriff *Stil* nicht nur mit sprachlicher Sytematik, sondern auch mit sozialer Stellung von jungen Migranten in Verbindung gebracht, wie z.B das Kanakenbild in den Medien. Mit Wiese rückt der Begriff *Varietät* in den Fokus der Migrantensprachforschung, und sie beschreibt *Kiezdeutsch* als eine *„jugendspezifische Varietät"*

(2006: 246). Wiese argumentiert damit gegen Neulands Ansichten, die die Jugendsprachen dem soziolinguistischen Begriff „*subkulturelle Stile*“ (Neuland 2003: 140) unterordnet. Nach Neuland dienen *subkulturelle Stile* Jugendlicher dazu, sprachliche und nichtsprachliche Einstellungen zum Ausdruck zu bringen (ebd.). Dagegen vertritt Wiese die Auffassung, dass der Terminus *subkulturelle Stile* nicht geeignet sei, um eine Jugendsprache als *Kiezdeutsch* darzustellen, weil „*Kiez-Sprache ein eigenständiges, produktives System bildet, dessen Eigenheiten sich grammatisch beschreiben lassen*“ (2006: 246). *Kiez-Sprache* ist daher als Teil eines Systems von sprachlichen Elementen zu betrachten, die mit ihren Pendants in Europa dazu dienen, neue systematische grammatische Strukturen herauszubilden (ebd.).

Nach allen oben detalliert angeführten Analysen lässt sich zusammenfassend sagen, dass den Jugendsprachen folgende Eigenschaften zugeordnet werden können: Sie sind kontaktlinguistische Phänomene und ihre Funktionsmechanismen hängen von integrativen und interpretativen Kommunikationspraktiken der Migrantenjugendlichen und von situationsspezifischen und soziologischen Umständen ab. In der Fachliteratur sind, wie bereits in Kapitel 1 erwähnt wurde, drei unterschiedliche Formen von Migrantensprachen vorhanden: Das *Gastarbeiterdeutsch, Kanak Sprak* und *Kiezdeutsch.* Dabei soll das Gastarbeiterdeutsch der Elterngeneration in dieser Untersuchung außer Acht gelassen werden, weil es eine aus mangelhaften Deutschkenntnissen der Sprecher entstandene Form ist. In Anlehnung an Auer wird *Kanak Sprak* in der vorliegenden Studie als ein von der Mehrheitsgesellschaft interpretierter *Stil* bezeichnet (1989: 29). Auer weist bezüglich dieses Sachverhalts explizit daraufhin, dass „*Stil immer in Beziehung zu interpretierenden Teilnehmern der Kultur und in Beziehung zu einem Anderen, den dieser ihm zuschreibt*“, entsteht (ebd.). Es ist offensichtlich, dass *Kanak Sprak* und *Kiezdeutsch* bestimmte sprachliche Eigenschaften aufweisen, wobei allerdings betont werden muss, dass *Kiez-Sprache* im Gegensatz zu *Kanak Sprak* darüber hinaus über ein grammatisch-lexikalisch geprägteres Sprachsystem verfügt. Dies führt zu der Festlegung, dass migrantenspezifische Jugendsprachen mit *Kiezdeutsch* ihre Existenz als Varietät verfestigen. Parallel zu der erkennbaren begrifflichen Entwicklung des *Gastarbeiterdeutsches* über *Kanaksprak* zu *Kiezdeutsch*, die das soziale Prestige dieser Phänomene prägt, lässt sich eine Entwicklung von *Stil* zu *Varietät* beobachten, die das sprachliche Prestige dieser Phänomene verdeutlicht.

2.3.3 *Kanak Sprak* und *Kiezdeutsch* im Sprach- und Kulturkontakt als hybride Formen

Kulturelle, ethnische und sprachliche Vielfalt sind drei Grundpfeile der migrantenspezifischen Mehrsprachigkeitsforschung, die sich erst in ihren Wechselverhältnissen erkennen lassen. Nach *Hofmann&Budach&Erfurt* (2003: 12) sind Einsprachigkeit und sprachliche Homogenität als konzeptuelle Fluchtpunkte, die die Beschreibung sprachlicher Phänomene perspektivieren, in den letzten Jahren zunehmend einer Kritik unterworfen worden. Im Gegensatz dazu werden die Formen von mehrsprachigen Jugendlichen populär, die während des Kontakts mit anderen Ethnien die sprachliche und kulturelle Heterogenität der Gruppe betonen. Dabei ist es wichtig aufzugreifen, dass durch Migrantenbewegungen entstandene Kommunikationsformen von Jugendlichen wegen ihrer ausgangs- und zielkulturbezogenen Charaktere heterogen geprägt sind.

In der linguistischen Forschung werden die Auswirkungen des Sprach- und Kulturkontakts auf das jeweilige Sprachsystem untersucht (Weinreich 1953; Oksaar 1984; Riehl: 2004). Sprachkontakt wird von Riehl als *„ein Ergebnis von Mehrsprachigkeit"* beschrieben und entsteht dort, *„wo verschiedene Sprachen oder Varietäten einer Sprache aufeinander treffen, entweder im Kopf eines mehrsprachigen Sprechers oder in mehrsprachigen Gruppen"* (2004: 11). Von diesen Annahmen ausgehend, kann man behaupten, dass auch der Kulturkontakt sich aus der Begegnung zweier Kulturen ergibt. Die kommunikativen Ausdrucksformen von Migrantenjugendlichen stellen den engen Zusammenhang zwischen Sprach- und Kulturkontakt dar. Sie resultieren aus dem Wechselspiel zwischen Sprachstrukturen und den sie umgebenden Sozialstrukturen. Betont werden soll allerdings, dass Jugendliche dabei nicht nur die sprachlichen Phänomene der Herkunftskultur mit denen der Aufnahmekultur mischen, sondern auch kulturelle. *Kanak Sprak* und *Kiezdeutsch* sind in diesem Sinne Sprachkontaktphänomene, die sich aus ständigem Kontakt zwischen deutscher und türkischer – auch arabischer, persischer, griechischer usw. – Sprache und Kultur ergeben.

Die Migranten bemühen sich seit Jahrzehnten, sich von der Gleichsetzung mit dem negativen Bild des Gastarbeiters zu befreien und in räumlichen, sprachlichen und visuellen Schlüsselstellen dieses negative Klischee symbolisch wieder zu gestalten und damit neu zu konzipieren. Deswegen haben sie beim Kontakt mit der Mehrheit neue Kommunikationsformen entwickelt. Die Mischvarietäten von Migrantenjugendlichen sind neben ihrer speziellen

Sprachform auch kulturell determiniert. *Kanak Sprak* und *Kiezdeutsch* sind aus diesem Grunde nicht nur Sprachmischungen, sondern auch Kulturmischungen. Die Heterogenität zeigt sich in mehreren Bereichen, wie z.B. die Heterogenität des Lebensraums, Heterogenität der Bewohner dieses Lebensraums, kulturelle und sprachliche Heterogenität. Da die oben kurz erwähnten Termini Bi- bzw. Multilingualität und Hybridität miteinander zusammenhängen, sollen an dieser Stelle diese Begrifflichkeiten kurz erläutert werden. Veith definiert Bi- bzw. Multilingualismus als „*Verwendung von zwei oder mehr Sprachen durch den gleichen Sprachträger*“ (2005: 204). Das heiβt, dass unterschiedliche Sprachen miteinander in einer Gesamtheit strukturell gekoppelt sind. Dabei wird die Kulturgestaltung auch als ein Teil der Sprachgestaltung verstanden, die in Mischsprachen Migrantenjugendlicher zu sehen ist. Vor diesem Hintergrund fungieren auch *Kanak Sprak* und *Kiezdeutsch* nicht nur als Sprachgestaltung Migrantenjugendlicher, sondern auch als deren Kulturgestaltung.

Den obigen Aussagen entgegenkommend, weist Erfurt auf unterschiedliche Verwendungs- und Verweiszusammenhänge der Begriffe „*Hybridität und sprachliche Hybridisierung im Migrationsmilieu*“ hin (2003: 20). In Bezug auf sprachliche Mischungen und Kreuzungen bezieht sich Hybridität, so Erfurt, „*auf Phänomene, die in der Interaktion verschiedener Kulturen entstehen und auf Mischung basieren*“ (2003: 20f). Auch *Hinnenkamp & Meng* definieren den Begriff *Hybridität* wegen ihrer diskurskonstitutiven Funktion mehr als ein sprachliches und kulturelles Nebeneinander, also als eine Vermischung der sprachlichen und kulturellen Systeme (2005: 11). Dieser Sachverhalt deutet auf die Funktionen von Mischvarietäten als Schnittpunkte der Sprachen und Kulturen. Vor allem das Kiezdeutsch hat Besonderheiten eines hybriden Codes und kann daher als ein Teil der sprachlichen und kulturellen Hybridisierung angesehen werden, weil auch in anderen Ländern ähnliche Sprachentwicklungen aufkommen (Hinnenkamp 2008: 245) Weiterhin sieht Hinnenkamp urbane Räume des Migratenalltags als einen „*Nährboden*“ für die Entstehung und Entwicklung neuer hybrider Mischformen an (2005: 94). Folgende Aussagen von Hinnenkamp verdeutlichen den engen Zusammenhang zwischen der Trilogie: *Sprache, Kultur* und *Identität* im Migrationskontext:

Gemischtsprechen ist die Ausdrucksweise einer transitionalen sozialen Identität. Sie stellt nicht sprachliche Elemente nebeneinander, sondern mischt sie auf, komponiert sie neu, entwickelt hybride Formen und füllt damit einen bislang semantisch unbestimmten Raum. Sie reflektiert einen

> *eigenen, exklusiven Weg mit Mitteln der Sprachenwahl, der Sprachenvermischung und Sprachaneignung aus beiden linguistischen Gemeinschaften und beiden „Kulturen" – sofern wir diese Vereinfachung aus plakativen Gründen für einen Moment einmal zulassen wollen. Sie konstruiert damit eine Identität, die gleichzeitig sowohl die zugeschriebene – sei es von der Mehrheitsgesellschaft eingeforderte – deutsche oder türkische Zugehörigkeit als auch die Identität als deklarierter Angehöriger einer ethnischen Minderheit adaptiert, diese dabei doch gleichzeitig demontiert und damit kreativ eine neue, eigenständige Identität konstruiert bzw. hinzufügt.* (2005: 91)

Wenn Jugendliche in ihre Gespräche aus dem Deutschen und Türkischen sprachliche Mittel integrieren, entstehen neue Formen der Sprachpraxis. Zwar sind Mischvarietäten teilweise vom Deutschen abhängig, doch ist offen, ob sie sich mit der Zeit auf Grund ihrer Originalität und Kreativität zu einer eigenständigen Sprachform entwickelt haben. Es wird deutlich, dass die Migrantenjugendlichen einen eigenen Code bilden, um sich von der Mehrheit zu unterscheiden. Damit schaffen sie eigene hybride Sprach- und Kulturräume, wo sie sich von negativen Vorstellungen der Anderen befreien. Besonders betont wurden dabei zwei Arten des „*Hybriditätsdiskurses*" (Hinnenkamp 2005: 245ff; 2008: 96): Zum einen haben sich die Mischvarietäten von einer defizitären Erscheinung (Gastarbeiterdeutsch) zu einem ironischen Medienobjekt (*Kanak Sprak*) entwickelt und danach unter den Muttersprachlern als eine Sprachmode verbreitet (*Kiezdeutsch*); zum anderen sind sie Reaktionen gegen die Mehrheitsgesellschaft. Die Mischvarietäten *Kanak Sprak* und *Kiezdeutsch* sind auch in diesem Sinne Folgen der sprachlichen und kulturellen Hybridität, die sich aus Kollektiverfahrungen einer Migrantengeneration herausgebildet hat und damit zu Kollektivtendenzen im Sprachgebrauch führt.

2.3.4 *Kanak Sprak* und *Kiezdeutsch* als Ethnolekte bzw. Multiethnolekte

Im Mittelpunkt fachlicher Diskussionen steht die Frage, ob und inwiefern sich *Kanak Sprak* und *Kiezdeutsch* in Bezug auf ihre Verbreitung und Akzeptanz in der Mehrheitsgesellschaft voneinander unterscheiden. Um diese Frage beantworten zu können, werden im Folgenden die Verwendungen dieser Sprachkontaktphänomene in der Alltagskommunikation durch Jugendliche mit und ohne Migrationshintergrund in Betracht gezogen. Dabei werden neben sprachsystembezogenen Besonderheiten auch Sprecherprofile dieser vom Standard abweichenden Codes mitberücksichtigt, um die Kompetenz des deutschen bzw. drittethnischen Sprechers bezüglich der Verwendung dieser Sprachphänomene aufzeigen zu können (Auer 2003; Dirim & Auer 2004; Wiese 2006). Solche sprachlichen Sonderformen entstehen in ethnischen Gebieten und werden anfangs nur mit einer bestimmten Minderheitengruppe, nämlich mit Türken, assoziiert. Mit der Zeit haben sie sich durch die Verbreitung unter anderen Ethnien, sogar unter Deutschen, zu multiethnischen Formen entwickelt (Wiese 2006: 250ff).

Mit dem Terminus *-Lekt* wird ein weitaus vielschichtigeres Analysespektrum diesen Sprachformen wie *Kanak Sprak* und *Kiezdeutsch* zugeschrieben, wobei außersprachliche Besonderheiten dieser Formen – hier ethnische – als ihre Unterscheidungsmerkmale von anderen Varietäten in den Vordergrund treten. Gerade deswegen wird es im Folgenden notwendig, einen Überblick über die Sonderposition von -Lekten in der Variationslinguistik zu geben und verschiedene Aspekte von *Kanak Sprak* und *Kiezdeutsch* vor diesem Hintergrund zu betrachten.

Unter dem Begriff *-Lekt* werden unterschiedliche Arten von Sprachvarietäten erfasst, die bestimmten Gruppen und Kategorien eigen sind. Auch bei deren Strukturierung werden unterschiedliche Begriffe verwendet, die wiederum je nach Erfahrungshintergrund und kulturellem Vorwissen der Sprechergruppe spezifiziert werden. Aus diesem Grunde wird dem Suffix -Lekt eine große Bedeutung beigemessen, weil es mit unterschiedlichen Wortstämmen verwendet wird, die die unterschiedlichen Aspekte dieser Varietäten betonen: Zu dem festen Suffix kommen in Wortzusammensetzungen unterschiedliche Erstglieder zu, welche die außersprachlichen Varietäten definierenden Eigenschaften dieser Sprachäußerungen hervorbringen sollen, wie z.B. Dialekt, Soziolekt, Ethnolekt, Genderlekt und Idiolekt (Bußmann 2002: 399). Lekte bilden ein Netz aus verschiedenen Varietätentypen, in denen unterschiedliche inner- und außersprachliche Aspekte aufeinanderprallen. In diesem Sinne sieht Löffler Lekte als „*gebündelte Textexemplare, deren sprachliche Merkmale* […] [hauptsächlich] *von Redekonstellationstypen oder sozio-pragmatischen Bedingungen wie Individuum, Gruppe, Gesellschaft, Situation, Funktion geprägt sind*“ an (2005: 79). Im vorangegangenen Teilabschnitt (2.3.3) wurde darauf hingewiesen, dass die Grenzen zwischen einzelnen Varietäten fließend sind. Die allgemeine Jugendsprache kann man nicht in gleicher Weise in eine bestimmte Lektenklasse einordnen. Denn dabei spielen situative, funtionale, gruppenspezifische, gesellschaftliche, soziale und kulturelle Faktoren eine entscheidende Rolle. Da *Kanak Sprak* und *Kiezdeutsch* als migrantenspezifische Jugendsprachen zu klassifizieren sind, hängen ihre Einordnungen in eine Lektenklasse offensichtlich von herkunftskulturellen und ethnischen Bedingungen ab. Auf Grund der oben angeführten Behauptungen übernimmt hierbei die Zusammensetzung des Suffix *-Lekt* mit dem Präfix *Ethno-* eine wichtige Rolle. Im Rahmen der vorliegenden Arbeit werden *Kanak Sprak und Kiezdeutsch*, die in der Forschung auch als *„ethnolektale Varietäten"* bekannt sind (Keim & Androutsopoulos 2000: 2; Androutsopoulos 2002: 257; Auer 2003; Wiese 2006: 246; Bücker 2007; Dittmar 2008: 57), in der Kategorie der Ethnolekte behandelt.

Nach Keim und Androutsopoulos ist die deutsch-türkische Mischsprache nicht mehr eine *„Lernersprache mit grammatischen und lexikalischen Unsicherheiten, Fehlern und Interferenzen, sondern* [...] *eine ethnisch verwurzelte Gruppensprache, eine ethnolektale Varietät"* (2000: 2). Die eigene sprachliche Systematik von ethnolektalen Varietäten steht daher im Gegensatz zu Lernersprachen. Da sie nicht nur die Sprache einer bestimmten ethnischen Gruppe ist und sich somit von anderen Varietäten differenziert, soll hierbei auf die Unterschiede zwischen den Begriffen Ethnolekt, Multiethnolekt und *lingua franca* eingegangen werden.

Ähnlich wie Keim und Androutsopoulos sieht auch Michael Clyne Ethnolekte als *„varieties of a language that mark speakers as members of ethnic groups who originally used another language or distinctive variety"* (2000: 86). In fast allen Untersuchungen wird betont, dass diese Mischkodes von unterschiedlichen Gruppen als eine *lingua franca* verwendet werden (Androutsopoulos 2002: 257; Dirim & Auer 2004; Wiese 2006; Bücker 2007; Dittmar 2008). Die Ursachen für die Wahrnehmung dieser Mischkodes als eine *lingua franca* liegt einerseits in der Popularisierung von ethnolektalen Ausdrücken durch die Medien in der Mehrheitsgesellschaft und andererseits in der zunehmenden Orientierung von Jugendlichen unterschiedlicher Herkunft an diesen Mischkodes (Androutsopoulos 2001; Auer 2003). Clyne bezeichnet die *lingua franca* als eine *„intermediary code"*, die in der interkulturellen Kommunikation zwischen zwei oder mehreren Personen, die unterschiedliche Muttersprachen haben, als eine gemeinsame Sprache verwendet wird (2000: 83). Aus diesem Grund ist die *lingua franca* eine innerhalb des Sprach- und Kulturkontakts zwischen unterschiedlichen Ethnien verwendete *„Verkehrssprache"* (Riehl 2004: 54) oder *„Vermittlungssprache"* (Veith 2005: 214). Darüber hinaus deckt sich die Heterogenität des Begriffs *lingua franca* mit der des Begriffs *Multiethnolekt*, so wie der Begriff *Multiethnolekt* auf die Heterogenität ihres Sprechers hinweist (Wiese u.a. 2010: 26). Der Begriff *Multiethnolekt* wird von Wiese u.a folgendermaβen definiert:

> *It is in this broader sense that we will understand „multiethno"-lects: as ways of speaking that emerge in multiethnic neighbourhoods and, rather than being linked to one ethnic group, include speakers of different ethnic backgrounds, including those coming from the country's majority (non-migrant) ethnicity.* (ebd.)

Die Definition Wieses ermöglicht eine eindeutige Differenzierung zwischen beiden Mischphänomenen. *Kanak Sprak* ist danach zur Kategorie der Ethnolekte zuzuordnen, weil sie nur als die Sprache der türkischen Bevölkerung in Deutschland bezeichnet wird. Im Gegensatz dazu hat *Kiezdeutsch* auch Sprecher aus anderen Ethnien und ist daher als Multiethnolekt zu kategorisieren (Wiese 2006; Wiese 2010 u.a.). In gewisser Hinsicht dienen sprachliche Stilformen als Unterscheidungsmerkmale für gemischtethnische und gemischtkulturelle Identitäten von Migrantenpopulationen in mehrsprachigen Kulturräumen. An dieser Stelle ist darauf hinzuweisen, dass diese Kulturräume sowohl von Bewohnern als auch von Auβenstehenden als „*Ausländer-Ghetto*" bezeichnet werden (Keim 2008: 37). Innerhalb dieser Wohngebiete fühlen sich die „Ausländer" geborgen und betrachten sie als Schutz- und Unterstützungsräume (Keim 2008: 38f). Das Ghetto ist selbstverständlich der Ort, wo Anknüpfungspunkte für weitere Relationen zwischen der deutschen Mehrheitsgesellschaft und Migrantengesellschaft gebildet werden. Grundsätzlich kann man zwischen *Kiezdeutsch* und *Kanaksprak* gerade in diesem Punkt einen Unterschied festlegen; während kanaksprachliche Präsentationsformen in einem ethnischen Wohngebiet entstehen, gehören kiezsprachliche Präsentationsformen zu einem multiethnischen Sprachraum.[24] Um *Kiezdeutsch* als eine multiethnische Varietätet zu beschreiben, hat Wiese u.a drei Kriterien eingeführt:

24 vgl. hierzu Füglein 2000 und Auer 2003 (für Ethnolekte) und Wiese 2006 (für Multiethnolekte). Die beiden Begriffe Ethnolekt und Multiethnolekt werden im Rahmen dieser Arbeit in den folgenden Kapiteln näher betrachtet.

1. There are linguistic features that are characteristic of this way of speaking and distinguish it from the standard and from other varieties (» -*lect*).

2. There are some systematic relations between its variables that indicate a system of its own (» -*lect*).

3e Its speakers come from different ethnic backgrounds, including the (non-migrant) majority ethnic group (» *multiethno*-)

(2010: 27)

Bereits aus den oben genannten drei Kriterien ist zu entnehmen, dass Multiethnolekte wie *Kiezdeutsch* sich von anderen Varietäten durch ihre eigensystematische Sprachbesonderheiten und durch ihre Verwendung von Deutschen und von anderen Ethnien unterscheiden. Mit dem Begriff Ethnolekt wird im Gegensatz zum innovativen Charakter des Multiethnolekts der linguistisch statische Charakter der migrantenspezifischen Jugendsprache hervorgehoben (Nortier 2008: 4). Multiethnolekte sind Alternativsprachen für deutsche Jugendliche, womit sie die Grenzen des ethnischen Ghettos überschreiten.

Der Sprachwissenschaftler Peter Auer fasst in seinem 2003 erschienenen Aufsatz *'Türkenslang': Ein jugendsprachlicher Ethnolekt des Deutschen und seine Transformationen* Ethnolekte wie folgt zusammen:

Ein Ethnolekt ist eine Sprechweise (Stil), die von den Sprechern selbst und/oder von anderen mit einer oder mehreren nicht-deutschen ethnischen Gruppen assoziiert wird. Anders als im Falle der bekannten lexikalischen Innovationen der sog. Jugendsprache betrifft er im vorliegenden Fall (auch) die Grammatik. (2003: 256)

In seiner Definition betrachtet Auer Ethnolekte nicht mehr als eine vom Standard abweichende Varietät von Migrantenjugendlichen, sondern klassifiziert sie in Bezug auf ihre Innovativität und Multikulturalität. Er teilt Ethnolekte in drei Kategorien ein: *primärer Ethnolekt, medial-sekundärer Ethnolekt, tertiärer Ethnolekt*, wie in der folgenden Tabelle skizziert wird:

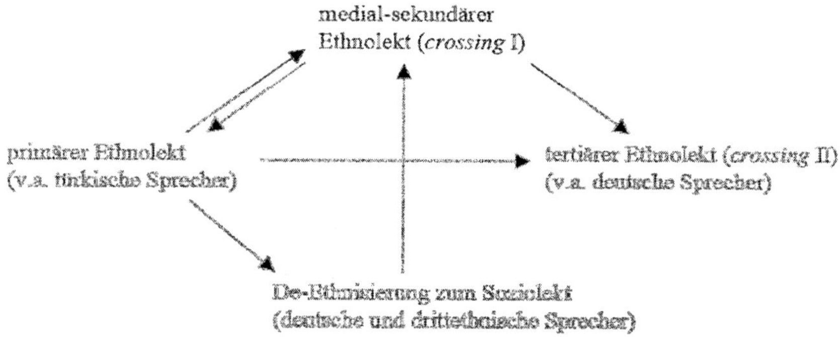

(2003: 257)

Als primärer Ethnolekt werden also im Sinne Auers jene Varietäten bezeichnet, die in deutschen Großstadt-Ghettos mit hohem türkischen Migrantenanteil (Berlin: Kreuzberg, Hamburg: Altona usw.) entstanden sind und insbesondere von männlichen Jugendlichen dieser ethnischen Gruppen verwendet werden. (2003: 256). Der primäre Ethnolekt trägt die Merkmale des Gastarbeiterdeutsches. In der Forschung wird immer unter dem Begriff Gastarbeiterdeutsch die „fossilisierte Lernervarietät der Gastarbeitergeneration“ (2003: 259) verstanden. Diese Einschränkung des Begriffs auf lernersprachliche Vereinfachungen und herkunftssprachliche Interferenzen ist aber nach Auer, wie bereits angesprochen, nicht zwingend so klassifiziert worden, weil die „*korrekten*“ Regeln des Standarddeutschen diesen Jugendlichen bekannt sind. In formellen Situationen und Institutionen benutzen die Jugendlichen das richtige Deutsch (ebd.). Auer führt in dieser Hinsicht aus, „*dass der türkische Ethnolekt zwar kompatibel mit natürlichen Vereinfachungsstrategien und lernertypischen Interferenzen ist, dass die Sprecher diese jedoch selektiv und situationsspezifisch zu Zwecken der Selbst-Stilisierung als ethnische*[r] *Gruppe einsetzen – teils durchaus in ironischer intertextueller Bezugnahme auf die Sprache ihrer Eltern und Großeltern*“ (ebd.; Dirim & Auer 2004: 215). Der primäre Ethnolekt bildet die Grundlage für die Enstehung der sekundären und tertiären Ethnolekte.

Der sekundäre Ethnolekt ist auch als *medial transformierter* Ethnolekt bekannt, dessen wesentlicher Kern aus Medienkonzepten besteht (Auer 2003: 256). Medien bereiten einen besonderen Spielraum für Comedyshows, in denen primäre Formen des Ethnolekts parodiert werden. Der sekundäre Ethnolekt, der in der wissenschaftlichen Literatur oft als *Kanak Sprak, Türkendeutsch, Türkenslang, Balkandeutsch, Türkenpidgin* bezeichnet wird, ist vermittelt bzw. *medial transformiert* über Comedy-Shows (ebd.). In diesen Comedy-Kontexten werden die Fehlerhaftigkeiten des primären Ethnolekts medial geformt und karikaturhaft illustriert. *Kanak Sprak* wird, so wie sie in den Medien erscheint, auch in der öffentlichen Diskussion und der Fachliteratur häufig mit negativen Statussymbolen assoziiert.

Auch der tertiäre Ethnolekt, d.h. der unter anderen Ethnien sich verbreitete Sprachstil, ist eng verknüpft mit medialen Inszenierungen von Türken und ihrer Sprache. Mit der Popularisierung von medialen Szenarien unter deutschen und drittethnischen Jugendlichen hat sich das sprachliche Gebrauchsmuster der Mehrheit signifikant verändert. Jugendliche ohne Migrationshintergrund zitieren in ihren Gesprächen den sekundären Ethnolekt in Versatzstücken und damit entwickeln sie neue – zum Teil – feste Formen (ebd.). In dieser Hinsicht beleuchtet der tertiäre Ethnolekt die Eingliederung der jugendsprachlichen Ausdrücke in die deutsche Mehrheitsgesellschaft durch Medienzitate. Die Türken werden hier als „*Leitbild*" und das Türkische als „*lingua franca*" in Anspruch genommen (Dirim & Auer 2004: 2). Mit Hilfe eines ständigen reziproken Prozesses zwischen Medien und Alltagsleben werden migrantenspezifische Erfahrungen vom Rest der Bevölkerung vorbildhaft wahrgenommen.

Als Folge seines dreistufigen Modells führt Auer den Begriff „*Deethnisierung des Ethnolekts*" ein, womit er die Entwicklung des Ethnolekts zu einem Soziolekt aufzeigt (2003 261f). Von grundlegender Bedeutung ist in diesem Zusammenhang der eigentliche Baustein der vorliegenden Arbeit, der daraus besteht, dass bei der Untersuchung ethnolektaler Varietäten *Kanak Sprak* und *Kiezdeutsch* bei der Theorien- und Modellbildung von dreidimensionalen Modellen Gebrauch gemacht wird. Im Hinblick auf ihren innovativen Charakter und auf ihre Dynamik wird die Entwicklung des Türkendeutschs als ein dreistufiger Prozess verstanden, der sich mit seiner Akzeptanz als eigene Stimme, also als ein allgemein anerkannter Soziolekt folgert (Auer 2003: 261). Hervorzuheben ist dabei, dass das *Gastarbeiterdeutsch* der ersten Generation mit dem primären Ethnolekt, *Kanak Sprak* mit dem sekundären Ethnolekt und schließlich *Kiezdeutsch* mit dem tertiären Ethnolekt gleichzusetzen ist, wobei das Türkendeutsch sich am Ende dieses Prozesses von seinem ethnolektalen Charakter loslöst und sich damit zu einem allgemein verbreiteten Soziolekt von unterschiedlichen sozialen Gruppen entwickelt. Es ist erkennbar, dass die

Aspekte, unter denen die ethnolektalen Merkmale der *Kanak Sprak* und des *Kiezdeutschen* ausgewertet werden, sich stark voneinander unterscheiden, so wie es auch hinsichtlich ihrer sprachlichen und soziokulturellen Entwicklungen der Fall war. Den gleichen Prozess stellt Androutsopoulos in seinem Modell „*life cycle of ethnolectal German*" mit dem Kreislauf „*from the streets to the screens and back again*" dar (2001a: 4). Dabei entspricht *the streets* (ebd.) dem primären, *the screens* (ebd.) dem sekundären und *back to the streets* (ebd.) dem tertiären Ethnolekt, womit die etwa seit den ersten Migrantenbewegungen vorherrschende negative Konnotation der Migrantensprache zugunsten einer positiven Konnotation zurücktritt.

3 Zu den Funktionen und sprachlich-kommunikativen Strukturen des *Kiezdeutschen*

Nach einer ausführlichen Beschreibung beider Sprachphänomene auf einer ethno- und soziolinguistischen Vergleichsbasis im vorigen Kapitel der vorliegenden Arbeit soll nun die Untersuchung der letzten Stufe des Entwicklungsprozesses der migrantenspezifischen Jugendsprache den Untersuchungsgegenstand dieses Kapitels bilden. Wie schon an mehreren Stellen der vorliegenden Arbeit hervorgehoben wurde, steht auf der letzten Stufe dieses Entwicklungsprozesses das *Kiezdeutsch*.

Nach Wiese ist *Kiezdeutsch „eine Varietät* [des Deutschen], *die sich vom Standarddeutschen unterscheidet, damit aber nicht zu einer ‚gebrochenen' Sprachform wird, sondern ein produktives eigenes Sprachsystem etabliert, das das sprachliche Innovationspotential und die besondere Dynamik eines mehrsprachigen Kontexts reflektiert*" (2011: 77). In Anlehnung an diese Definition kann man bei der Analyse der Funktionen und sprachlich-kommunikativen Strukturen des *Kiezdeutschen* erkennen, dass der Gesprächsdynamik des *Kiezdeutschen* eine Schlüsselfunktion zukommt. Das Hauptanliegen dieses Kapitels besteht darin, die Aktivierung eines sprachlichen Gegendiskurses durch die *(Kiez-)Sprache* mit Hilfe von konkreten Beispielen zu analysieren. Für die Analyse der konkreten Beispiele bedient sich die vorliegende Untersuchung der von Schlobinski eingeführten Kategorien der Jugendsprache. Während die Funktionen des Kiezdeutschen im Lichte des Kulturtransfers auf „der Ebene der diskursiven Rahmensetzung" (Schlobinski 1993: 68) analysiert werden, sollen die sprachlich-kommunikativen Strukturen des Kiezdeutschen auf der „Ebene der Gesprächsaktivität" (ebd.) untersucht werden.

3.1 Funktionen des *Kiezdeutschen* im Lichte des Kulturtransfers

Bevor im zweiten und dritten Abschnitt dieses Kapitels die Gespräche Migrantenjugendlicher untersucht werden, geht es in dem ersten Abschnitt um die Erschließung der von ihnen in der interkulturellen Kommunikation verwendeten Kulturtransferstrategien und Kulturtransfermittel. In diesem Rahmen wird der Begriff *Kultur* und seine verschiedenen Assoziationen in Bezug auf die migrantenspezifische Jugendsprache in Betracht gezogen und das Sprachverhalten Jugendlicher aus dieser Sicht erklärt. Es geht insbesondere darum herauszufinden, wie sich Jugendliche der aktuellen soziokulturellen Wirklichkeit der deutschen Gesellschaft anpassen.

3.1.1 Der Zusammenhang von Kultur und Sprache

Im Rahmen der Untersuchungen zur Sprachwissenschaft wird der Stellenwert der Kultur für die Sprachproduktion häufig diskutiert. Der Grund dafür könnte darin liegen, dass die Sprache für die Widergabe der Kulturvorstellungen der jeweiligen Gesellschaft ein Medium darstellt. *Eğit&Eğit* betonen, dass „Sprache die Kultur einer Sprachgemeinschaft reflektiert und somit als Teil dieser Kultur aufzufassen ist" (2011: 281). Bezüglich der Mehrsprachigkeitsforschung lässt sich daraus feststellen, dass die migrantenspezifische Jugendsprache mit der kulturellen Erfahrungswelt der Jugendlichen eng verbunden ist. Sie ist damit ein herausragendes Beispiel für das Zusammenstoßen der Sprache mit der Kultur innerhalb von multikulturellen Kontexten.

Im Zusammenhang mit der Darlegung der ethnischen bzw. kulturellen Identität im Sprachgebrauch soll im Folgenden auf den Begriff *Kultur* eingegangen, und anschließend soll im Kontext der Mehrsprachigkeit die Kultur in Bezug auf den Symbolcharakter des Sprachgebrauchs erläutert werden. Dabei wird in der vorliegenden Untersuchung auf die von Clifford Geertz (1983), John Clarke (1979) und Alexander Thomas (1993) entwickelten drei grundlegenden Kulturdefinitionen gestützt.

Der US-amerikanische Ethnologe Clifford Geertz legt in seinem Artikel „*Dichte Beschreibung*" (1983) einen „semiotischen Kulturbegriff" (1983: 9) dar und versucht die Kultur mit Hilfe der Ethnographie dicht zu beschreiben:

Als ineinandergreifende Systeme auslegbarer Zeichen […] *ist Kultur keine Instanz, der gesellschaftliche Ereignisse, Verhaltensweisen, Institutionen oder Prozesse kausal zugeordnet werden könnten. Sie ist ein Kontext, ein Rahmen, in dem sie verständlich – nämlich dicht – beschreibbar sind.* (1983: 21)

Aus den obigen Aussagen wird ersichtlich, dass die Kultur die Geschichte eines Volkes einrahmt. Der kulturelle Rahmen besteht aus einer Ganzheit von lebensweltlichen Gegebenheiten. In Abhängigkeit dessen gestalten die Menschen ihr Leben und Handeln. Dies macht deutlich, dass die innere Rahmenform der Kultur nur durch die dichte Beschreibung der Ethnographie reflektiert werden kann. In seiner semiotischen Kulturdefinition bezeichnet Geertz (1983: 9) die Kultur als *„ein selbstgesponnenes Bedeutungsgewebe"*, in das der Mensch verstrickt ist. Dabei fungiert die Kultur als ein Netz, und die sprachlichen Zeichen sind die bedeutungstragenden Elemente der Kultur. Kultur ist, so Geertz, *„ein Geflecht von Bedeutungen, in denen die Menschen ihre Erfahrungen interpretieren und nach denen sie ihr Handeln ausrichten"* (1983: 99). Darüber hinaus kann man behaupten, dass das Kultursystem einer Nation das Leben der Angehörigen prägt. Menschen interpretieren ihre Erfahrungen mit Hilfe der Sprache. Sprachliches Handeln und kulturelles Handeln bedingen einander gegenseitig. Die Aufgabe der Theorie in der Ethnographie, so Geertz, *„besteht darin ein Vokabular bereitzustellen, in dem das Wissen, das das symbolische Handeln über sich selbst, d.h. über die Rolle der Kultur im menschlichen Leben hat, ausgedrückt werden kann"* (1983: 39). In Anlehnung an Geertz kann man sagen, dass auch das migrantenspezifische *Kiezdeutsch* ein aus sprachlichen Zeichen bestehendes Vokabular bereitstellt, mit dem die Jugendlichen die Eigenheiten ihrer Kultur ausdrücken können.

Die zweite Kulturdefinition, die für die vorliegende Untersuchung herangezogen wird, stammt von Clarke:

Mit dem Wort ‚Kultur' meinen wir jene Ebene, auf der gesellschaftliche Gruppen selbständige Lebensformen entwickeln und ihren sozialen und materiellen Lebenserfahrungen Ausdrucksform verleihen. [...] *Die ‚Kultur' einer Gruppe oder Klasse umfaßt die besondere und distinkte Lebensweise dieser Gruppe oder Klasse, die Bedeutungen, Werte und Ideen, wie sie in den Institutionen, in den gesellschaftlichen Beziehungen, in Glaubenssystemen, in Sitten und Bräuchen, im Gebrauch der Objekte und im materiellen Leben verkörpert sind. Kultur ist die besondere Gestalt, in der dieses Material und die gesellschaftliche Organisation des*

Lebens Ausdruck finden. [...] Kultur ist die Art, wie die Beziehungen einer Gruppe strukturiert und geformt sind; aber sie ist auch die Art, wie diese Formen erfahren, verstanden und interpretiert werden. (1979: 40f)

Während von Clarke das Augenmerk auf die Interpretierbarkeit der gesellschaftlichen Lebensformen durch die Kultur gelegt und die Sprache als die wichtigste *Ausdrucksform* der Interpretation kultureller Umstände betrachtet wird, geht Thomas bei seiner Definition der Kultur eher aus einer psychologischen Perspektive aus und legt die Kultur als ein Orientierungssystem dar:

Kultur ist ein universelles, für eine Gesellschaft, Organisation und Gruppe aber sehr typisches Orientierungssystem. Dieses Orientierungssystem wird aus spezifischen Symbolen gebildet und in der jeweiligen Gesellschaft usw. tradiert. Es beeinflußt das Wahrnehmen, Denken, Werten und Handeln aller ihrer Mitglieder und definiert somit deren Zugehörigkeit zur Gesellschaft. Kultur als Orientierungssystem strukturiert ein für die sich der Gesellschaft zugehörig fühlenden Individuen spezifisches Handlungsfeld und schafft damit die Voraussetzung zur Entwicklung eigenständiger Formen der Umweltbewältigung. (1993: 380)

Die Auffassungen Thomas prägen die kulturvergleichende Perspektive in der interkulturellen Kommunikation in hohem Maβe, womit neue Aspekte dieses Orientierungssystems durchleuchtet werden: Einzelne Merkmale dieses Orientierungssystems werden von Thomas unter dem Begriff „*Kulturstandard*" zusammengefasst: Die Angehörigen einer Kultur organisieren ihr Wahrnehmen, Denken, Werten und Handeln im Rahmen dieses Kulturstandards und unterscheiden sich somit von den fremden Kulturen (1993: 381). Das *spezifische Handlungsfeld* von Migrantenjugendlichen, das sogenannte Migrantenmilieu, ist der Begegnungsraum von deutschen und türkischen Kulturen, wo *eigenständige Sprachformen* wie *Kiezdeutsch* sich entwickeln.

Aus allen drei Definitionen geht eine eindeutige gemeinsame Antwort auf die Frage über den Zusammenhang von Kultur und Sprache im Migrationskontext hervor: *Kiez-Sprache* bedeutet eine von jungen Migranten neu geschaffene Form des Sprachstils, die zwei verschiedene Sprachen von zwei verschiedenen Kulturen miteinander kombiniert. Jugendliche transportieren mit der *Kiez-Sprache* ihre herkunftskulturellen Wertvorstellungen sprachlich in den neuen Kulturkreis. Die Sprach- und Kulturtransferprozesse im Migrationsgeschehen und die jugendspezifische Varietät Kiezdeutsch als Kulturtransfermittel sollen im Folgenden ausführlich besprochen werden.

3.1.1.1 Ein Definitionsversuch: Kulturtransfer und Sprachtransfer

Im Hinblick auf die wechselseitige Beziehung zwischen Kultur und Sprache wird im Folgenden der Versuch unternommen, die Begriffe *Kulturtransfer* und *Sprachtransfer* formal und inhaltlich abzugrenzen und ihr Verhältnis zur migrantentypischen Sprachpraxis aufzuzeigen.

Bei der Definition des *Kulturtransfers* wird zunächst auf die übersetzungswissenschaftlichen Ansätze gestützt, weil die Kulturdefinitionen in der kulturwissenschaftlich orientierten *Übersetzungsforschung*[25] die sprachliche Übertragung eines Ausgangstextes in die Zielsprache zugleich auch als eine Kulturübertragung auffassen. So ist z.B. nach *Vermeer&Reiß* der Übersetzungsvorgang *„nicht nur ein sprachlicher, sondern immer auch ein kultureller Transfer“* (1984: 4). Betont wird hiermit die Bedeutung der außersprachlichen Wirklichkeit bei der Übertragung eines Textes in eine andere Sprache. In diesem Zusammenhang beschreibt Vermeer den kulturellen Transfer als *„möglichste Lösung eines Phänomens aus seinen alten kulturellen Verknüpfungen und seine Einpflanzung in zielkulturelle Verknüpfungen“* (1986: 34). Diese Feststellung lässt sich überwiegend auf den sprachlichen Mischstil von Migrantenjugendlichen übertragen: Migrantenjugendliche kombinieren in der Interaktion herkunftskulturelle Elemente mit zielkulturellen sprachlichen Einheiten.

Im Bereich der Mehrsprachigkeit kann also behauptet werden, dass die Begriffe Kulturtransfer und Sprachtransfer sich gegenseitig bedingen. Dieser Sachverhalt wird auch von Götze unterstützt; er sagt nämlich, dass kulturelle Phänomene nicht direkt zugänglich sind, sondern im Regelfall über Sprache vermittelt werden (2004: 34). Bei den Transferleistungen Jugendlicher wird die außersprachliche Wirklichkeit mit Hilfe sprachlicher Zeichen realisiert. Bei der Mischsprache von Migrantenjugendlichen handelt es sich um die sprachliche Übertragung kultureller Wertvorstellungen in eine andere Sprache, nämlich in die Fremdsprache. Allgemein kann festgestellt werden, dass kulturelle und sprachliche Transferprozesse parallel verlaufen, und auf Grund dieses

25 Für die Thematisierung des Kulturtransfers in der Übersetzungsforschung siehe zu Kade (1968), Vermeer (1986), Levy (1969), Reiß&Vermeer (1984), Bachmann-Medick (1997), Eğit (2006), Eğit&Eğit (2011)

Faktums können die Begriffe *Kulturtransfer* und *Sprachtransfer* nicht voneinander getrennt gedacht werden. Unter dem Begriff *Kulturtransfer* wird die Zuordnung der ausgangskulturellen Elemente in die Zielkultur gemeint. Der Begriff *Sprachtransfer* ist die sprachliche Übertragung der ausgangskulturellen Wertvorstellungen in die Zielsprache. Der Migrantenalltag ist dabei der wichtigste Gestaltungsraum von sprachlichen und kulturellen Transferprozessen, wo sich die Wechselwirkungen zwischen Eigenem und Fremdem, zwischen Ausgangs- und Zielkultur, genauer gesagt zwischen der türkischen und deutschen Kultur erkennen lassen.

3.1.1.2 *Kiez-Sprache* als Kulturtransfermittel

Gestützt auf die Annahme, dass die migrationsbedingte Mehrsprachigkeit sich aus dem Zusammenspiel der sprachlichen Formen mit den kulturellen, gesellschaftlichen und sozialen Ressourcen entsteht, werden in diesem Teilabschnitt die unterschiedlichen Aspekte der sprachlichen und kulturellen Transferprozesse Migrantenjugendlicher in den Mittelpunkt gestellt. Für die Mehrsprachigkeitsforschung spielt die Frage, inwieweit die Sprachverwendung Migrantenjugendlicher von ihrer Herkunftskultur beeinflusst wird, eine zentrale Rolle. Aus diesem Grund ist an dieser Stelle die doppelte Prägung der *Kiez-Sprache* einerseits durch die Wertvorstellungen der Aufnahmegesellschaft und andererseits durch den herkunftskulturellen Einfluss aufzuarbeiten. Um den internationalen Charakter dieses Multiethnolekts zu betonen, wird hier anstatt des *Kiezdeutschen* der Begriff *Kiez-Sprache* bevorzugt. Wie bereits erwähnt, hat *Kiez-Sprache* unterschiedliche Pendants in anderen europäischen Ländern, in denen sich ähnliche Sprachstrukturen entwickelt haben (Wiese 2006: 248). In den Vordergrund treten dabei die Multiethnolekte in niederländischen (*straattaal*), schwedischen (*Rinkeby Schwedisch*) und dänischen (*Københavsk Multiethnolekt*) Sprachräumen[26]. Die ethnische Vielfalt spielt bei der Realisierung des Sprachmaterials eine wichtige Rolle. Multiethnolekte bieten vor diesem Hintergrund ein wichtiges Kulturtransfermittel an. Denn sie haben einen direkten Einfluss auf die sprachliche Eingabe von kulturellen Wissens- und Wertvorstellungen. Die Tatsache, dass im Fall der Multiethnolekte mehrere Ethnien an der alltäglichen Kommunikation teilnehmen, macht auch einen

26 Kotsinas (1998), Appel (1999), Quist (2000) und Nortier (2001) haben Multiethnolekte im europäischen Sprachraum auf ihre besondere Sprachstruktursysteme hin untersucht. Siehe für Rinkebysvenska Kotsinas (1998), für Københavnsk multietnolekt Quist (2000) und für Straattaal Appel (1999), Nortier (2001) und Appel&Schoonen (2005).

intrakulturellen Transfer möglich, und gerade aus diesem Grund findet im Rahmen der Kiez-Sprache kein Sprach- bzw. Kulturtransfer zwischen zwei Kulturen statt, sondern ein intrasprachlicher bzw. -kultureller Transfer zwischen mehreren Kulturen.

Bei dem kulturgebundenen Transfer sprachlicher Strukturen wird festgestellt, dass deren Systematik an ein bestimmtes Muster gebunden ist. Im Gespräch werden neue Formen evoziert, die man im multiethnischen Variatätenraum in den folgenden fünf Sprachebenen beobachten kann: Lexik, Syntax, Morphologie, Prosodie und Grammatik. Die Transferprozesse zwischen der Herkunfts- und Zielsprache zeigen sich dabei am markantesten in dem Gebrauch von lexikalischen Mitteln, während grammatische Zuordnungen der beteiligten Sprachen starke Diskrepanzen hervorrufen. Die lexikalischen Mittel werden leichter in das Gespräch integriert. Man kann beobachten, dass neue Wörter aus den Herkunftssprachen der beteiligten Ethnien Eingang in das Gespräch gefunden haben. Zu den wichtigsten gemeinsamen lexikalischen Entlehnungen in diesen Multiethnolekten gehören *lan* und *wallah*[27], die im Folgenden mit Beispielsätzen aus unterschiedlichen europäischen Multiethnolekten gezeigt werden sollen[28]:

Kiez-Sprache:	Ey, rockst du, **lan**, Alter.	(Wiese 2006: 249)
Rinkebysvenska:	har du **parra lan**?	(Kotsinas 1998: 138)
	(hast du **Geld lan**)	
Straattaal:	**Woelah**, die patas zijn flex, **man!**	
	(**Ich schwöre**, die Schuhe sind toll, **Mann!**)	
		(Appel&Schoonen 2005: 85)

Københavnsk multietnolekt:

1) Hvad så **lan**
(Was dann **lan**) (Quist 2000: 209)

2) Ahmed: **wallah** jeg siger min storebror han skylder mig 700 kroner jeg skal have 350 i dag og 350 om to uger **# I got paras #** skal du til der fest øh på fredag

27 Der türkische Partikel lan bezieht sich auf das deutsche Nomen Kerl, und der arabische Schwörausdruck woelah, also wallah, impliziert das Wort allah (Gott) und bedeutet im Namen des Gottes (Ich schwöre).

28 vgl. zu einem ähnlichen Vergleich von Multiethnolekten in deutschen und in europäischen Sprachräumen Wiese 2006: 249; 2009: 786.

(Also ich sag dir, mein großer Bruder schuldet mir 700 Kronen, heute habe ich 350 bekommen und 350 bekomme ich in zwei Wochen. Ich habe Geld! Gehst du am – ähm – Freitag zu dieser Party?)

Mehmet: mm.

Ahmed: **wallah** mand jeg sidder dig bare efter den der tur jeg tænker bare på fest og **kız**.
(**wallah** Mann ich sage dir nach dieser Reise alles, was ich denken kann, ist Party und **Mädchen**)
[…] (Quist 2005: 150)

In den obigen Beispielen verweisen die beliebte Verwendung der herkunftssprachlichen Anredefloskel *lan* und die Lehnwörter *parra* (*para-Geld*) und *woelah* bzw. *wallah* (schwör) auf eigenartige Charakteristika dieser Mischsprachen. Es werden einzelne Wörter aus dem Türkischen (*lan, para, kız*), Arabischen (*woelah, wallah*) und Englischen (*man, I got paras*) übernommen. Diese Entlehnungen werden stilistisch an den Anfang und ans Ende der betreffenden Äußerungen gestellt, um Aufmerksamkeit zu erregen. Im sprachlichen Gestaltungsprozess der kulturellen Andersheit benutzen die Jugendlichen solche Entlehnungen aus ihren Herkunftssprachen und aus dem Englischen. In dem Ausdruck *I got paras* verbindet sich die englische Pluralflexion *-s* mit dem türkischen Wort *para* zu einer Konstituente. Ein passandes Beispiel für die Verwendung von Anglizismen im *Kiezdeutsch* bietet der folgende Gesprächsausschnitt:

1	MuH9WT:	mein halber NAgel! Ey mein halber NAgel!
2	Mxxx:	dein HALber?
3	M3xxx:	oh FUCK,
4		isch hab ANgefasst!
5	Mxxx:	Hxxx,
6		hast du Nagellack dabei?

(Wittenberg&Paul 2009: 110f)

Das englische Schimpfwort *fuck* wird als Ausdruck des Ärgers in das Gespräch integriert. Solche Entlehnungen werden oft nicht handlungskonnektiv benutzt, sondern werden meistens entweder als Betonung der Coolness oder als Verstärkung des Gesagten entlehnt.

Betrachtet man die kulturellen Konstellationen in der Sprachwahl Migrantenjugendlicher, so wird deutlich, dass Jugendliche bei ihren Sprachpraktiken ihre sprachlich-grammatikalischen und kulturell-diskursiven Kompetenzen miteinander verbinden. Ethnolektale Varietäten fungieren hierbei als Schnittstelle zwischen Sprache und Kultur. Aus diesem Grund bedeutet auch der Begriff *Sprachtransfer* die Überlappung von kognitiven und sprachlichen Fähigkeiten im Interaktionsprozess. Der Einfluss der Herkunftssprache ist zum einen auf kulturgebundene kognitive Fähigkeiten Jugendlicher zurückzuführen, zum anderen aber auch auf den kulturübergreifenden Charakter ihrer migrantenspezifischen kollagehaften Sprache. In diesem Rahmen ist die migrantenspezifische Jugendsprache als *Kulturäußerung* zu charakterisieren. Auf sprachlicher Ebene werden verschiedenartige kulturelle Komponenten miteinander kombiniert. Somit entstehen sprachliche Neustrukturen. Dabei kommt den jugendlichen Benutzern dieser Sprache als *Kulturträger* eine wichtige Rolle zu. Besonders relevant ist hierbei die Funktion der *Kiez-Sprache* als *Kulturtransfermittel*, womit die Herkunftskultur in der Zielsprache repräsentiert wird. *Kiezdeutsch* gewinnt durch seine produktiven Muster eine prestigehafte Gestalt und wird damit zum *Imageträger* von Migrantenjugendlichen. *Kiez-Sprache* hat im Gegensatz zu anderen Migrantensprachformen eine positive Konnotation. Wie *Auer&Dirim* hervorgehoben haben, beruht das positive Image einer Migrantensprache auf den Sachverhalt, „*dass das Türkische ein außerschulisches (inoffizielles) Prestige besitzt und deshalb Anreize zur Übernahme und Verwendung durch Jugendliche nicht-türkischer Herkunft bietet*" (2000: 97). Die folgenden Gesprächsausschnitte[29] legen den Sachverhalt, wie sich die Sprachvariante *Kiezdeutsch* unter den drittethnischen und deutschen Jugendlichen verbreitet, offenkundig dar:

(1) (Daniel)
Aber ich find, türkisch ist auch gut,
z.B. wenn ich jetzt kein Türken kenne, ne,
so ich gehe hin so, alles klar so,
er sagt irgendwas ich sag auch so auf türkisch,

29 In den angeführten Gesprächsausschnitten kommen vier Jugendlichen zur Wort. Daniel ist ein drittethnischer Junge aus Kapverden. Auch die Tunesierin Zakiya ist ein drittethnisches Mädchen, das das Türkische auf muttersprachlichem Niveau spricht. Die Brüder Hans und Thomas sind Deutsche und sprechen besser Türkisch als Deutsch. An dieser Stelle ist es besonders wichtig hervorzuheben, dass die Eltern dieser vier Jugendlichen nicht türkischer Abstammung sind.

aaa vay,
(hey!)
kannst du türkisch oder was,
ey baksana und so, ne,
(hey kuck mal an!)
dann redet man gleich anders,
was ist los und so,
dann freun- macht man schon Freundschaft,
und so ist auch schon passiert.

(Dirim&Auer 2004: 46)

(2) (Zakiya)
Doch, manche glauben mir das sogar gar nicht, dass ich Tunesierin bin.
Da meinte einmal einer zu mir, ja du bist ähm,
er sagt, woher kommst du denn,
ich sag ich komm aus Tunesien,
nee du sprichst Türkisch.
Ich sag, das hat doch nichts zu sagen,
jeder spricht Türkisch, jeder Zweite.
Nee das glaub ich dir nicht, zeig mal deinen Ausweis,
weil ich Deutsche bin,
ich hab'n Ausweis,
den glaub ich dir nicht.
Manche Leute sind, glauben das eigentlich nicht so.

(Dirim&Auer 2004: 51f)

(3) Hans: ay bachstraβe'de biri oturuyo, o da hasan'ın arkadaşı galiba,
(ach, in der Bachstraße wohnt jemand, das ist wohl auch ein Freund von Hasan,)
Serkan bana bugün dedi
(Serkan hat es mir heute erzählt)
Fikri: He.
(Ja.)
Hans: yepyeni ford mondeo duruyo abi, yepyeni!
(ein ganz neuer Ford Mondeo steht da Bruder, ganz neu!)

Fikri: hm.
Hans: valla yepyeni yani daha yeni aldılar
(wirklich ganz neu, sie haben ihn also erst neu gekauft.)
Fikri: (unverständlich)
Hans: en yeni tip yani, o da o:de kennzeiche
(das neueste Modell also, mit dem Kennzeichen OD)
o ciplerde var ya, o da o:de
(das gibt es doch auch bei diesen Jeeps, OD)
Fikri: he
(ja)
Hans: abi, o mondeoya bi arkadan geçirmişler
(Bruder, diesem Mondeo sind sie von hinten derart reingefahren,
aklın durur, arhadan böyle
(dass du es dir nicht gar nicht vorstellen)
araba knick oldu abi knick totalschaden yani
(Das Auto hat einen Knick bekommen Bruder, einen Knick, einen Totalschaden also)
Fikri: (unverständlich) mi yapıyorlar abi ne yapıyorlar
(tun die …, Bruder, oder was machen die?
Hans: totalschaden oldu arkadaş
(Ein Totalschaden ist entstanden, mein Freund)
Fikri: bunlar şimdi hep böyle yapıyi, belki böyle para alıyolar
(die machen immer so, vielleicht kriegen sie so Geld)
Hans: para, şimdik o parayı çıkartıyo abi
(Geld, also er holt das Geld wieder raus Bruder)
direk veriyo belki şey leasing fabrike
(er gibt das Auto vielleicht direkt bei der dings Leasing-Fabrik ab)
Fikri: tabii
(klar!)
[…]
(Das Gespräch wird fortgesetzt)

(Dirim&Auer 2004: 111f)

(4) Hans
Biraz öyle, biraz şöyle.
(Ein bisschen so, ein bisschen so.)
Babam iyi söylüyor ama anne kızıyor biraz, biliyon mu.
(Mein Vater spricht gut darüber, aber meine Mutter ist ein bisschen sauer, weiβt du.)
Ben de bi de abi çok Türk konuşuyo, onun için, biliyon mu.
(Aber ich sprech wirklich viel türkisch, weiβt du Bruder, deswegen.)
Dedim ya Almanca konuş, biz Almandan geliyor.
(Sie(?) sagte: sprich deutsch! wir sind Deutsche!)
Niye böyle konuşuyosun?
(Warum sprichst du so?)
Ben dedim abi ya [Lachen], ondan sonra, ama biraz,
(ich sagte: oh Mann! […] und dann, aber ein wenig,)
sie versteht das lamsam, biliyon mu.
([…], weiβt du?) (Dirim&Auer 2004: 47f)

5) Thomas: Manchmal ist das auch so,
wenn ich so bei Bäckerei oder so arbeite,
dann, und ich muss mit Leuten reden,
dann fang ich langsam an, türkisch zu reden,
auch bei der Arbeit,
so wenn dann türkische Leute kommen und die haben keine
çobuh Türkçe konuşiyom,
((dann) spreche ich schnell türkisch)
yenge ne istiyo,
(was will diese Frau)
yardım ben yapıyım mı, o zaman bana bakıyo,
(kann ich ihr helfen? dann schaut sie mich an:)
‹‹mit verstellter Stimme› Türk müsün,›
(du bist Türke!)
‹‹normal› yo Almanım,›
(nein, ich bin Deutscher)
((lacht))
haa helal olsun sana filan fısır,
(oh, bravo, und so weiter)

	o zaman bahıyo, iyi sağol ya,
	(dann kuckt sie – prima, vielen Dank!)
	ama so,
	(aber)
	weil manche türkische Leuten, die können überhaupt kein Deutsch.
	und wenn sie dann nach Deutschland kommen und so dann ist das auch gut, wenn ein Deutscher bisschen Türkisch können.
	Biraz yardım et, yapıyom, ya.
	(ein bisschen hilf, ich helfe eben.)
Int:	Du übersetzt auch für andere auch so.
Thomas:	Ja, Bürger, zur Bürgernähe.
	So kann man auch Bürgernähe, nähenden, weiβt du,
	Biraz yardım et, yapıyom, ya.
	(ein bisschen hilf, ich helfe eben.)

(Dirim&Auer 2004: 62f)

Obwohl Daniel keinen Türken kennt, macht er Gebrauch von türkischen Ausdrücken, um Aufmerksamkeit zu erregen und somit neue Freunde zu gewinnen. Zakiya berichtet, dass sie das Türkische ganz gut beherrscht. Auch Hans und Thomas sprechen, wie in den letzten drei Beispielen ganz deutlich wird, die türkische Sprache auf muttersprachlichem Niveau. Sie integrieren in ihre Gespräche nicht nur einzelne Wörter und Ausdrücke aus dem Türkischen, sondern bilden richtige und komplexe türkische Sätze, in denen sogar häufig dialektale Elemente und formelhafte Wendungen des Türkischen vorkommen. Hans berichtet in dem vorletzten Gesprächsausschnitt, dass er das Türkische mehr als seine eigene Muttersprache, das Deutsche, benutzt. Die vier Jugendlichen profitieren von der prestigereichen Gestalt der türkischen Sprache, um als ein Mitglied der betreffenden Jugendgruppe akzeptiert zu werden. In der Forschungsliteratur werden mit dem Syntagma „*Das versteckte Prestige des Türkischen*“[30] der positive Eindruck deutscher Muttersprachler von der türki-

30 Das versteckte Prestige des Türkischen ist ein Begriff, der aus Labovs Untersuchungen entlehnt worden ist (vgl. dazu die Begriffe hidden prestige bzw. covert prestige bei Labov (1966) und Trudgill (1972)) (vgl. hierzu Dirim&Auer 2004: 25, Fuβnote 28). Siehe zur ausführlichen Thematisierung des Begriffs in gemischtethnischen Gruppen, insbesondere in Hamburg, Auer&Hieronymus 1997: 77ff und Auer&Dirim: 2000: 97ff.

schen Migrantensprache und die Verbreitung der türkischen Migrantensprache in der Mehrheit erklärt. Dirim&Hieronymus meinen, dass Prestige und Stigma die zwei Seiten des Madellions seien (2003: 45). In Bezug auf die Black-Americans führt Sylvia Keim aus, dass ihre dunkle Hautfarbe nicht der eigentliche Grund für ihre Stigmatisierung als *Nigger* ist, sondern der eigentliche Grund dafür liege in der Tatsache, dass sie für die Einheimischen ein auffälliges Kriterium für die Kategorisierung von Menschen ist (2003: 10f). Im Anschluß an Keims Auffassungen, die den *Unterstützungspunkt* der Stigmatisierungsprozesse von Migranten anhand ihrer Unterscheidungsmerkmale illustrieren, wird gefolgert, dass die Bezeichnung *Kanak* und die damit konnotierte *Kanak Sprak* ein Medium dafür sind, die Türken auszugrenzen und als Andere zu stigmatisieren. Aber mit der Einführung der Bezeichnung *Kiez-Sprache* wird das Türkische unter deutschen Jugendlichen positiv bewertet und wird damit zu einer prestigereichen Sprache hervorgehoben. Die weiter oben genannten Multiethnolekte haben wie *Kiez-Sprache* ein verstecktes Prestige, da sie auch durch Muttersprachler im Gespräch weitgehend verwendet werden.

3.1.2 Funktionen des *Kiezdeutschen*

Der Gebrauch des *Kiezdeutschen* als Kulturtransfermittel ist nur eine von vielen Funktionen, die zu einem Perspektivenwechsel von traditionellen Migrantenvorstellungen innerhalb der deutschen Gesellschaft und zur Entstehung eines neuen Migratenbildes geführt hat. Die Funktionen des *Kiezdeutschen*, die im Weiteren dargelegt werden sollen, haben einen direkten Einfluss auf die Kategorisierung von Jugendgruppen und auf ihre Kontaktverhältnisse mit anderen Gruppen. Da das *Kiezdeutsch* eine im Migrationskontext entwickelte Jugendsprache ist, stehen seine Abgrenzungsfunktion und sein Protestcharakter im Vordergrund.

Im Hinblick auf ihre Vielfältigkeit und Interdisziplinärität übernimmt die Jugendsprache im Migrationskontext eine doppelte Funktion: Sie drückt, wie Androutsopoulos unterstreicht, *„Abgrenzung nach aussen, Zusammenhalt nach innen"* aus (1998a: 22). Während die Innenwelten der Jugendgruppen ihre Gruppenzugehörigkeit offenlegen, sind ihre Außenwelten von einer besonders starken Abgrenzung geprägt. Der extreme Kontrast zwischen Innen- und Außenwelt spiegelt sich in der Positionierung von Jugendlichen gegenüber den gesellschaftlichen Konventionen der Außenwelt und in ihrer kulturellen Selbstzurechnung in den Binnenräumen der Innenwelt wieder (Neuland 2008: 8). Die Auffassung Neulands legt nahe, dass durch die Analyse der Jugendsprache neben den wichtigen sozialen und gesellschaftlichen Strukturen vor allem im privaten Bereich die interaktiven Relationen zwischen den Kommunikationspartnern ermittelt werden. Weiterhin ist in diesem Zusammenhang festzustellen, dass die Migrantenjugendlichen mit ihren besonderen Arten des Sprechens einerseits die Außenstehenden, insbesondere die Elterngeneration abgrenzen und andererseits sich stark mit den anderen Gruppenmitgliedern identifizieren. Sie zitieren aus der Sprache der Eltern zum Ausdruck ihres Ärgers und verwenden ihre Sprache als Strategie zur Karikaturisierung der Elternsprache. Das folgende Beispiel aus einem Gesprächsausschnitt zwischen einer Mutter und ihrer Tochter zeigt sehr deutlich, wie die Tochter das gebrochene Gastarbeiterdeutsch der Mutter karikierend imitiert[31]:

01	In:	gehst mit KI zusammen in=s zimmer
02	Te:	ne
03	In:	net↑
04	Te:	>mid=der do=net<
05	In:	lacht leicht
06	Te:	isch will keins
07	Fu:	< sieben kinder alle willen extra zimmer>
08	In:	die wollen/ jedes wil=n zimmer
09	Fu:	isch was machen↑
10	Te:	<ja": was machen >↑ hier sitzn wohin gehn↑** (AFFT NACH)

31 Das Beispiel entstammt aus einem Gespräch zwischen der Mutter Fulya (Fu) und ihrer Tochter Teslime (Te) . Beteiligt ist auch an dem Gespräch die Ethnografin als Interviewerin. Die Familie hat eine neue Wohnung gekauft und jedes Kind will für sich ein eigenes Zimmer. Fulya hat sieben Töchter und sieht deswegen vor, dass je zwei Töchter ein Zimmer teilen sollen. Das Gespräch entwickelt sich auf die Frage der Interviewerin, ob Teslime mit ihrer Schwester Kısmet das gleiche Zimmer teilen würde (vgl. Keim 2008: 421). Die Transkription wurde für eine bessere Verständlichkeit vereinfacht:

- * kurze Pause (bis max. ½ Sekunde)
- ** etwas längere Pause (bis. max 1. Sekunde)
- = Verschleifung (Elision) eines oder mehrerer Laute zwischen Wörtern
- / Wortabbruch
- ↑ steigende Intonation
- ..." auffällige Betonung
- ...: auffällige Dehnung
- >...< leiser (relativ zum Kontext)
- <...> lauter (relativ zum Kontext) (Keim 2008: 477f)

11	Fu:	çadır ne kız almanca ↑ (zelt wie heiβt das auf deutsch mädchen?) çadırın adı ne? (wie heiβt zelt)
12	Te:	zelt is gud
13	In:	zelt is gut * alle ins zelt LACHEND
14	Fu:	ja ja LACHT (Keim 2008: 421)

Teslime will für sich ein eigenes Zimmer und reagiert auf die Frage der Interviewerin, ob sie mit Kısmet zusammen ins Zimmer zieht. Sie sagt leise *mid=der=do=net*, dass sie ihr Zimmer nicht mit Kısmet teilen will. In Zeile (9) (*isch was machen*) äuβert die Mutter ihre Unentschlossenheit. Teslime imitiert mit der Äuβerung *ja": was machen > hier sitzn wohin gehn* das gebrochene Gastarbeiterdeutsch ihrer Mutter. Es handelt sich hier nicht nur um eine karikierende Abbildung eines Gesprächsauszugs aus dem Gastarbeiterdeutsch der Elterngeneration, sondern um die Hervorhebung der kulturellen und sprachlichen Andersheit der jüngeren Generationen gegenüber den Gastarbeitern der ersten Generation. Zusammenfassend lässt sich sagen, dass die Jugendsprache eine besondere sozial-distinktive Funktion erfüllt, die in dem Konfliktverhältnis zwischen dem jugendlichen ‚Ich' und der ‚Auβenwelt' besteht und sich als Protest gegen Standardnormen, gegen die Mehrheit und gegen die Elterngeneration entpuppt.

Die Analysen des jugendspezifischen Sprachverhaltens zeigen, so Androutsopoulos, dass die Jugendsprache nicht nur biologisch, sondern vielmehr sozial fundiert ist (1998: 4). Kiezsprachliche Ausdrücke können so gesehen als symbolische Assoziationen der Kultur interpretiert werden, bei denen der Protest gegen die Standardisierung der Mehrheitsgesellschaft erfahrungsgemäβ kristallisiert wird. Das sprachliche Verfahren von Jugendlichen nimmt, wie Neuland bemerkt, auf der Basis einer kulturgeschichtlich orientierten Perspektive in affirmativer und ironisierender Weise Bezug auf vorherrschende kulturelle Zeiterscheinungen (1987: 66). Die Jugendsprachen sind Musterfälle für eine Gesellschaftskritik, soweit sich dies aus ihren Konfliktpotentialen ersehen lässt. Bei der Rekonstruktion ihrer Identität benutzen die Migrantenjugendlichen ihre Mischsprache als Anpassungs- oder Abgrenzungsstrategie. Die Jugendlichen erzeugen in ihrem kommunikativen Handeln ein komplexes Ineinander von unterschiedlichen Sprachsystemen des Türkischen und Deutschen. Nach *Hinnenkamp&Meng* bilden die Migrantenjugendlichen im sprachlich-kommunikativen Raum einerseits *„eine Art intergenerative Nische innerhalb der Migranten und fungieren andererseits zugleich als eine Art Schaltstelle zwischen der eingewanderten Elterngeneration und der etablierten Mehrheitsgesellschaft“* (2005: 12). Zusammenfassend lässt sich daraus feststellen, dass das *sich ‚gegen‘* bzw. *‚bei‘ etwas zu stellen* wichtige Kommunikationstaktiken von Migrantenjugendlichen sind. Diese ‚gegen–bei‘ Dichotomie ist im Reflexionssystem der Multikulturalität verankert und verweist auf die hybriden Charaktere[32] von den betreffenden Jugendlichen.

Die Betrachtung der jugendlichen Sprach- und Lebensstile als *„eine symbolische Lösung“* bzw *„Reaktion“* auf gesellschaftliche Widersprüche ermöglicht das Aushandeln dieser Konflikte auf einer symbolisch-imaginären Ebene (Neuland 2008: 273). Vor allem im Zusammenhang mit dem schlechten Bild des Migranten und dessen Umformulierung zum Positiven kommt dieser Analyseperspektive eine besondere Bedeutung zu. Im Rahmen dieses Analysekonzepts formuliert Neuland ihre These über Jugendsprachen als *„Spiegel der Zeit“*[33] wie folgt:

> *Jugendsprachen entstehen und funktionieren nicht autonom in einem gesellschaftlichen Vakuum; vielmehr werden die jeweiligen sprach- und kulturgeschichtlichen Verhältnisse in ihnen gespiegelt und gegengespiegelt.*
> (2003b: 95)[34]

Die oben zitierte Feststellung von Neuland stellt eine der zentralen Thesen der vorliegenden Arbeit dar. Die Migrantenjugendlichen können in diesem Zusammenhang als *Scheinidentitäten* bezeichnet werden, die bestimmte Rollen übernehmen. Sie spielen die in der deutschen Migrationsgesellschaft ihnen durch die deutsche Mehrheit zugschriebene Rolle des Türken. Bei der verbalen und nonverbalen Gestaltung der Sprache legt das gesamte Kommunikationsgeschehen die Sprachprofile der beteiligten Gruppen und die sozialen Anforderungen der Gesellschaft offen dar. Die Migrantenjugendlichen verwirklichen ihre kulturellen Erkenntnisse mit Hilfe ihrer besonderen Art des Spre-

---

32 Vgl. zum Begriff Hybridität die unterschiedlichen Perspektiven in Erfurt (2003) und Hinnenkamp (2005; 2008).

33 So lautet der Titel der internationalen Fachkonferenz 2001 (31.5–2.6.2001) an der Bergischen Universität Wuppertal.

34 Vgl. dazu auch die Thesen von Neuland (1987), (2003), (2008).

chens und bilden einen *Gegendiskurs*[35] zu kulturellen Normen der Mehrheitsgesellschaft. Somit lösen sie sich von ihren gesellschaftlichen *Scheinidentitäten* ab. Die bisherigen Analysen geben Aufschluss über die kognitiven Wahrnehmungen der Migranten, wobei der Begriff *Kiezdeutsch* und seine positiven Konnotationen in den Vordergrund treten. Die neue Sprachkontaktvarietät Kiezdeutsch bringt in den Wahrnehmungsmechanismen der deutschen Mehrheit eine effektive Veränderung zum Positiven mit sich. Das Kiezdeutsche bildet einen *Gegendiskurs* zum *vorherrschenden Migrationsdiskurs*, der erstmals als eine Art *Kanak Attack*[36] erschienen ist.

Angesichts dieser Auffassungen ist darauf hingewiesen worden, dass migrantenspezifische Mischungsprozesse in Sprachkontaktsituationen unter Berücksichtigung ihres durch Dichotomien gekennzeichneten Charakters als Markierung dessen fungieren, was als Schlechtes, Verdorbenes an den Rand der Gesellschaft gerückt wird. An dieser Stelle zeigt sich deutlich, dass das *Schlechte* und *Verdorbene* mit der Herausbildung des *Kiezdeutschen* als *Gutes* und *Innovationsfähiges* zurücktreten, wodurch die Reintegration des ausgegrenzten türkischen Migranten in die deutsche Gesellschaft stattfindet. Dies hängt mit dem positiven Ruf des *Kiezdeutschen* unter den Deutschen zusammen. Die Marginalität der Kanak-Identität wird mit der Entstehung des *Kiezdeutschen* überwunden und die Migrantensprache gewinnt somit an Normalität.

3.2 Kommunikative Strukturen des *Kiezdeutschen*

Die Kommunikationsstruktur von *Kiezdeutsch* ist von sprachinternen und sprachexternen Faktoren des migrantentypischen Sprachkontakts geprägt. Die soziale Wirklichkeit von Migrantenjugendlichen wird in ihrem kommunikativen Handeln sichtbar. Es wurde schon an mehreren Stellen der vorliegenden Arbeit gezeigt, dass zwischen den kulturellen Vorstellungen der Migrantenjugendlichen und der sprachlichen Struktur des Kiezdeutschen ein starker Zusammenhang besteht. Denn sprachliche Parameter und soziale Parameter

35 Vgl. zur Thesenstellung von Gemischtsprechen Migrantenjugendlicher als einen Gegendiskurs bei Hinnenkamp (2008: 243ff).

36 Kanak Attack ist ein Film (2010), der Zaimoğlus Roman Abschaum als Vorlage hat. Es wurde nach der Verfilmung auch eine Webseite mit dem gleichen Namen gegründet: http://www.kanak-attak.de/ka/about/manif_deu.html

fallen in diesen mehrsprachigen Kontexten teilweise zusammen. Sprachliche Parameter sind an bestimmte soziale Parameter gebunden und übermitteln damit die Kulturvorstellungen der Gesprächsteilnehmer. Die kommunikativen Strukturen des *Kiezdeutschen* erweisen sich aus diesem Grund als fundamental für die sprachliche Strukturierung der Migrantenwirklichkeit. Durch die besondere Struktur des *Kiezdeutschen* werden Migrantenvorstellungen *sprachlich* und *kulturell* in die Praxis umgesetzt. Dabei werden unter anderem die Methoden wie Code-switching, Code-mixing und Bricolage-Prinzip verwendet, um den zwiespältigen Charakter des *Kiezdeutschen* zu betonen. Die Jugendlichen nehmen Anglizismen und Routineformeln, Anrede- und Höflichkeitsformen aus dem Türkischen, Arabischen und Persischen, Ausdrücke aus der Musikszene sowie Ausdrücke aus der Sprache der Eltern in ihre Gespräche auf.

Die kommunikative Struktur des *Kiezdeutschen* lässt sich in diesem Abschnitt anhand von drei Kategorien untersuchen. In der ersten Kategorie wird sie in Bezug auf die Theorien der ethnolinguistischen Gesprächsanalyse typisiert. Die zweite Kategorie untersucht die innovative Verwendung von Musik, die dabei sowohl auf Grund ihrer besonderen sprachlichen Form wie auch wegen ihres jugendspezifischen Protestcharakters als wichtigstes Mittel für die Auseinandersetzung Jugendlicher mit der Außenwelt erscheint. In der letzten Kategorie wird auf die Verwendung von Anglizismen im Kiezdeutschen eingegangen, die dieser Jugendsprache eine gewisse Coolness verleihen.

3.2.1 Kontextualisierungen im Gespräch Migrantenjugendlicher

Mit dem neuzeitlichen Aufstieg des Sprachkontakts als Untersuchungsgegenstand wird eine Verbindungslinie zwischen der linguistischen (Henne/Rehbock 1995; Brinker/Sager 1996) und ethnographischen (Keim 2008; Schwitalla 1994; Deppermann 2000) Gesprächsanalyse gezogen.[37] Auf die Thematik der vorliegenden Arbeit bezogen, handelt es sich hierbei vor allem um jene Kategorien, in denen die Erscheinungsformen der jugendsprachenspezifischen Kontaktvarietäten und ihre Sonderpositionen innerhalb der multikulturellen Sprachkontaktsituationen in Theorie und Praxis behandelt und modelliert werden. In diesem Rahmen bilden die theoretischen und empirischen Ansätze der amerikanischen Linguisten Hymes (1972), Gumperz (1982)

37 Vgl. zur Vorangehensweise der Ethnographie und seinem Bezug zur Konversationsanalyse und zur Verwendung dieser Fachgebiete im Rahmen der Ethnographie des Sprechens, interaktionale Soziolinguistik und Language Crossing die Untersuchungsgrundlage von Keim in ihrem Buch „Die türkischen Powergirls" (2008: 16–24).

und Rampton (2005) die theoretische Grundlage für die Untersuchung der kommunikativen Strukturen des *Kiezdeutschen*.

Die Typologisierungen von Grundgedanken, -begriffen und -orientierungen im Rahmen der *Ethnographie des Sprechens* (Gumperz & Hymes 1964; Gumperz & Hymes 1972) formen das gesprächsbezogene Analyseverfahren der Konversationsanalyse um und nehmen die intuitiven und kognitiven Kenntnisse der Kommunikationsteilnehmer über sprachkulturelle Einheiten in Angriff: Bisher relativ stark durchgängige Traditionen werden bei Seite gelegt und es wird so eine ambivalente Beziehung zwischen Sprach- und Sozialforschung hergestellt. Die hier angedeutete Spezifik und Position des Sprechens weist auf dessen Durchführbarkeit in sozial-diskursiven und sprachlich-diskursiven Bezugsrahmen hin, die von Hymes wie folgt formuliert wurde:

> *A general theory of the interaction of language and social life must encompass the multiple relations between linguistic means and social meaning. The relations within a particular community or personal repertoire are an empirical problem, calling for a mode of description that is jointly ethnographic and linguistic.* (1972: 39)

Aus den oben angeführten Ausführungen Hymes' ergibt sich die Feststellung, dass für die Interaktion zusätzlich eine starke Transaktion auf ethnographischer und linguistischer Ebene erforderlich ist. Bei einem transaktiven Prozess zwischen linguistischen, sozialen und ethnographischen Bedeutungseinheiten ist die Ressourcenwahl an bestimmte *strukturelle Parameter* gebunden, die aus kognitiven und intuitiven Kenntnissen der Sprecher bestehen. Die betreffenden Parameter, die auf der sprachlichen Ebene verbal kodiert sind, können nicht isoliert von der ethnographischen und sozialen Situation auftreten. Im Hinblick auf den Parameterbegriff verweist Gumperz in seinem Buch „*Discourse Strategies*" (1982) explizit auf die menschliche Interaktion im Rahmen einer *interpretativen Soziolinguistik*. Gumperz fasst die sozialen Prozesse als symbolische Prozesse auf, die ihre Bedeutungen durch die Beziehungen zu ihrer Umwelt gewinnen (1982: 1). In diesem Zusammenhang erscheinen, so Gumperz, die „*gender, ethnicity and class as given parameters and boundaries within which we create our own social identities*" (ebd.). Das Hauptanliegen des Buches ist „*Understanding presupposes conversational involvement*" (1982: 2):

A general theory of discourse strategies must therefore begin by specifying the linguistic and socio-cultural knowledge that needs to be shared if conversational involvement is to be maintained, and then go on to deal with what is about the nature of conversational inference that makes for cultural, subcultural and situational specificity of interpretation. (1982: 3)

Es ist eindeutig erkennbar, dass die obigen Ausführungen von Gumperz eine Ergänzung zum weiter oben angegebenen Hymes-Zitat bilden. Die beiden Theorien zur Interaktion und zu den Diskursstrategien fuβen auf die Trilogie von Sprache – Kultur – Ethnie. Bei der Analyse von Gesprächen Migrantenjugendlicher sind sozikulturelles Hintergrundwissen der Gesprächsteilnehmer und die verbale Realisierung dessen die wesentlichen Faktoren, um situations- und gruppenspezifisches Sprachverhalten Migrantenjugendlicher voneinander unterscheiden und damit auch interpretieren zu können. Demnach weist Gumperz den *Kontextualiserungshinweisen* (contextualisation cues) im Gespräch Migrantenjugendlicher eine bestimmte Bedeutung zu, die von ihrem jeweiligen soziokulturellen und situativen Umfeld geprägt sind und gleichzeitig von den Gesprächsteilnehmern gedeutet und interpretiert werden sollen (1982: 131). Kontextualisierungen im Gespräch Migrantenjugendlicher beziehen sich auf unterschiedliche Ebenen der Sprachproduktion, d.h. auf die prosodische, lexikalische und syntaktische Ebene, erscheinen aber auch als Strategien bei der Eröffnung und Schlieβung eines Gesprächs (ebd.).

In dem folgenden Beispiel geht es um ein Gespräch zwischen deutschen Jugendlichen, die über die Türken in ihrer Gegend sprechen, wobei das Gespräch durch die Veränderung der Intonation[38] kontextualisiert wird. Denis sagt, dass in Knuts Klasse ein *Hawack* sei, aber Knut versteht nicht, wen Denis damit meint (Deppermann 2007: 332f):

38 Bei der Wiedergabe des Dialog-Beispiels wird die Original-Transkription beibehalten:

.	tief fallende Intonation
;	fallende Intonation
,	steigende Intonation
(-)	kurze Pause
<<all>>	allegro, schneller als das umgebende Segmente der Sprache
<<len>>	lento, langsamer als das umgebende Segmente der Sprache (Deppermann 2007: 352)

01	Denis:	du hast ja auch <<len> vOll die kO:mischen hAwacks
02		bei dir in de gruppe ey,> (-)
03	Knut:	ja wer bei mIr?
04	Denis:	=äh also in de kl:(.) in de klAsse, (-)
05	Knut:	isch hab kein: hAwack-
06		(1,0)
07	Bernd:	[höhö-]
08	Denis:	[kenns]te der eine spAst der immer so <<all>komisch labert,>
09		<<f, fallende Intonation HÖY Aldär höy OAldär öy kr↓Ass öy,>
10		hh. he. (-)
11	Frank:	<<len> is=hald ↓Uldra den kerle wEIβ=u,> (-)
12	Knut:	wEn meinst=en dU? (1,0)

In dem obigen Dialog-Beispiel verwendet Denis seine Stimme als Ergänzung zur Imitation der Migrantensprache. Die fallende Intonation in Zeile 09 verweist auf die Nachahmung der türkischen Migrantensprache und ist deswegen als Kontextualisierungshinweis prosodischer Art zu interpretieren. Mit der Veränderung der Stimme wird die ironisierende Kontextualisierungsstruktur des Gesprächs vorgestellt. Die modifizierten Lautstrukturen der Aussagen „*HÖY Aldär höy OAldär öy kr↓Ass öy*" (Z.9) von Denis und „*is=hald ↓Uldra den kerle wEIβ=u*" (Z.11) von Frank weisen alle auf die dialektale Markierung der Sprache des *komischen Hawacks* (Z. 1) hin und dienen als stilistisches Gestaltungsmittel der *Hawack-Sprache.* Mit dem Wort *Hawack* meint Denis die türkischen Migranten und imitiert mit Frank zwischen den Zeilen 9–12 ihre Sprechweisen. Der ironisierende Gebrauch von Dialektelementen aus der *Hawack-Sprache* dient wiederum zur Verdeutlichung ihrer Verwendung als ein „*fun-code*" (2007: 339). Die Kontextualisierung des obigen Gesprächs zwischen deutschen Jugendlichen basiert auf die negative Kategorisierung der Türken. Ein anderes markantes Beispiel für den ironischen Gebrauch der Migrantensprache durch den deutschen Muttersprachler ist der folgende Dialog[39] zwischen Bernd und Wuddi:

39 Zur Transkription des Dialogs siehe Fußnote 39.

(1) Bernd: ‹‹sings› lümm› (-) kanagge[näd da:?]
(2) Wuddi: [‹‹len› I:sc]h fI:g dI:sch lA:n; (.)
(3) Wuddi: I:sch› ‹‹all› gib dir› korRE:KT- (.)
(4) Wuddi: trEt dir in die fresse; [(.) LAN;]
(5) Bernd: [aha ha HA-]

(Deppermann 2007: 337)

Als Bernd und Wuddi durch das Migrantenghetto gehen, haben sie ein Haus von Migranten gesehen. Bernd imitiert singend die betreffende Migrantensprache. Die beiden Jugendlichen verleihen ihren Äuβerungen somit einen ironischen Nachdruck. Der Dialog in Gesangform wird durch die humorvolle Verwendung der Migrantensprache und durch die Veränderung der Intonation kontextualisiert.

Rampton (2005) führt zur Verwendung von Varietäten in multiethnischen Gemeinschaften einen neuen Terminus, „*Language Crossing*“[40] ein, welcher sich durch einen grenzüberschreitenden Charakter auszeichnet. In dieser Hinsicht wird *Crossing* von Rampton folgendermaβen definiert:

Crossing [...] *focuses on code alternation by people who are not accepted members of the group associated with the second language they employ. It is concerned with switching into languages that are not generally thought to belong to you. This kind of switching, in which there is a distinct sense of movement across social or ethnic boundaries, raises issues of social legitimacy that participants need to negotiate.* (2005: 270f)

Rampton hat, wie man seinen Worten von oben entnehmen kann, die Verweiskontexte des klassischen Code-Switchings[41] neu formuliert, indem er sie auf andere Kontexte überträgt. In Ramptons Crossing-Theorie spielen soziohistorische Rahmenbedingungen der Aufnahmegesellschaft, lokale Beziehungen im Migrantenmilieu und die spezifische interaktionale Dynamik der Migrantensprache als Einflussfaktoren eine bedeutende Rolle (2005: 271). Am Beispiel der Sprachpraxis von multilingualen Jugendgruppen, d.h. am Beispiel von ethnolektalen Sprachformen wie Creole, Panjabi und stylized Asien Eng-

40 Es wird ins Deutsche als ‚Sprachkreuzung' übersetzt (Androutsopoulos 2003: 79).

41 Rampton hat den von Gumperz eingeführten Terminus Code-Switching für andere Kontexte verwendet.

lish – SAE – analysiert er die symbolischen Hinweise bei sprachlichen und soziokulturellen Vorgängen. Ferner wird im Rahmen der Kontextualisierungen im Gespräch Migrantenjugendlicher in Anlehnung an Victor Turner (1974) eine Theorie der „*Liminalität*" (Rampton 2005) entworfen, die sich, so Androutsopoulos, durch „*das sprachliche Überqueren einer ethnisch-sozialen Grenze*" (2003: 79) widerspiegelt. Die gemischtsprachlichen Gesprächssequenzen Migrantenjugendlicher erweisen sich im Rahmen der *Liminalitätstheorie* als Übergangssequenzen zwischen verschiedenen Kulturen. Solche Formen entstehen durch eine besondere Austauschskopplung zwischen der Aufnahmegesellschaft und den Einwanderern und durch deren ständigen Kontakt im gemischtethnischen Ghetto:

Language Crossing was located in moments when ordered flow of social life was loosened and normal social relations couldn't be taken for granted (Rampton 2005: 193)

Mit dem oben angeführten Zitat werden die Funktionen von sprachlichen Mischungen im Gespräch Migrantenjugendlicher illustriert: *Crossing* verortet sich im allgemeinen als ironische Illustration der *Transformation* von einer negativen zu einer positiven Sprachvorstellung in einem *liminalen* Konzept. So wie sich die Sprachvorstellungen der Einwanderer verändert haben, die ja die eigentlichen Benutzer dieser Varietäten sind, haben sich auch die Sprachvorstellungen der Aufnahmegesellschaft verändert. Auch *Kiezdeutsch* überschreitet die ethnisch-sozialen Grenzen der deutschen Standardsprache und verbreitet sich als Multiethnolekt unter unterschiedlichen (standardsprachigen oder drittetnischen) Gesellschaftsgruppen.

Androutsopoulos führt aus, dass Crossing im Bereich der Lexik, Phraseologie und Routineformeln sowie in der Phonetik und Prosodie typisiert ist und zählt diesbezüglich die semantisch-funktionalen Kategorien, in denen die Crossing-Merkmale vorkommen (2003: 89), auf. Diese sind,

a) Gruß- und Anredeformeln
b) Formeln für einfache Sprechhandlungen (z.B. Drohungen, Liebeserklärungen, Danksagungen, Fragen nach Geld oder der Uhrzeit)
c) Interjektionen (z.B. Ausrufe der Überraschung, Zustimmung, Ablehnung)
d) Diskurspartikel (z.B. Affirmations- und Negationswörter)

e) Beschimpfungen (z.B. abwertende Anreden, derbe Abweisungen)
f) Wortschatz aus bestimmten semantischen Bereichen, u.a. soziale Kategorisierungen, Sexualität, Körperteile und -funktionen, Genusmittel und Geld (ebd.)

In dem oben angeführten Zitat werden ganz unterschiedliche Crossingkontexte eingeführt, die nicht nur linguistische, sondern auch kulturelle Kompetenzen der Sprecher einbeziehen. Das folgende Beispiel gibt einen Überblick über die Crossingtendenz eines drittethnischen Migrantenjugendlichen:

CH: <<p> ich kenn nur schimpfwörter hehe>
IN: türkische schimpfwörter?
CH: <<p> ja.>
IN: was denn zum beispiel?
CH: [siktir lan oder so was
CE: [hehehe
IN: und was heißt das?
CH: ( )
IN: kannst ruhig sagen=
CE: =FICK dich so
IN: hast du LA:N gesagt?
CH: LAN.
IN: LAN (.) LAN ist doch (-) was heißt das? lan?
CE: ich WEIß nich=ich weiß nur fick dich=
CH: =sacht man einfach so; EY LAN oder so (-) EY DU=
IN: und wieso? wieso macht ihr das, (.) einfach=
CH: =ja norMAL;
[...]
IN: und WIE sprecht ihr dann=gebraucht ihr dann auch manchmal so wörter aus andern (.) sprachen,=
CH: JA: klar (.) aber die versteht man immer die wörter (.) so wie moRUK,
IN: sind immer die gleichen wörter,
CH: ja.
IN: schimpfwörter?=
CH: =ja;

(Bücker 2007: 77)

Wie dem obigen Beispiel zu entnehmen ist, verwendet der Jugoslawe Chico bei seinen sprachlichen Kreuzungen die Schimfwörter *siktir lan, moruk* und *lan* aus dem Türkischen. Das folgende Beispiel ist für das Crossingkonzept insofern relevant, als die Migrantenjugendlichen hierbei auf den spielerischen Aspekt des Crossings eingehen. Das Beispiel entstammt einem Dialog zwischen Schüler/-innen, die einen Sprachkurs imitieren:

1	Nadine:	yes (.) wir machen ja (.) wir machen ja sprachkurs yes ((lacht)) (.1 sec) und jetzt lernen wir jugoslawisch (.) say something about jugoslawisch ((Elim und Nadine sind keine Jugoslawen))
2	Elim:	(jate wollim)
3	Nadine:	(jate wollin)? (puschi kuratz tschitschi schupak) ehm (.) (otjebi)
4	Elim:	(otjebi jebizä)
5	Nadine:	eh (jäbizä)
6	Elim:	(oh wisenos schupak)
7	Nadine:	okay (.) jetzt
8	Elim:	= (upan taja)
9	Nadine:	jetzt speak something about (.) italiano (.) who is (.) who is
10	Elim:	= (parler italiano prä)
11	Nadine:	((lacht))
12	Elim:	äh (.) ich italiano (.) und jetzt nen bisschen türkisch
13	Nadine:	no (.) nix türk
14	Kai:	= (garamie (.) eurospu) (.1 sec) ((betreten Gebäude))
15	Nadine:	oh (.) wir machen jetzt russischkurs
16	Susanne:	oh no ((Susanne ist Übersiedlerin))

[Das Gespräch wird fortgesetzt]

(Androutsopoulos 2003: 102)

Der oben angeführte Gesprächsausschnitt ist ein Musterbeispiel für das spielerische Konzept des *Crossings*. Bei der spielerischen Imitation des Deutschkurses verfremden sich die Schüler von dem klassischen Konzept des Fremdsprachenunterrichts (Androutsopoulos 2003: 101). Die Gesprächssequenzen *„say something about jugoslawisch"* (Z.1), *„jetzt speak something about Italiano"*

(Z.9) und *„jetzt nen bisschen türkisch"* (Z.12) sind Musterbeispiele dafür, wie die Jugendlichen in ihren Gesprächen aus anderen *fremden* Sprachen Gebrauch machen. Elim und Nadine zum Beispiel, die hier jugoslawisch reden, sind keine Jugoslawen. Die sprachliche Grenzüberschreitung und die Nutzung fremder Stimmen als eigene Stimme wird mit der These des *„double voicing"* (Doppelstimmigkeit bzw. das zweistimmige Wort) von Bachtin (1971: 222) erklärt (Androutsopoulos 2005: 103). Die fremde Stimme wird effizient in das Gespräch eingesetzt und wird somit zur eigenen Stimme. Dieser Sachverhalt erklärt auch die Verbreitung des *Kiezdeutschen* als einen Multiethnolekt unter den deutschen Muttersprachlern und den drittethnischen Jugendlichen.

In Anlehnung an die oben genannten drei Theorieansätze sollen in dem folgenden Abschnitt die Techniken des sprachlichen Überquerens einer ethnischen Grenze mit konkreten Beispielen veranschaulicht werden.

3.2.2 Musik und Anglizismen im *Kiezdeutschen*

Musik und Anglizismen sind wichtige Bestandteile der Jugendkultur. Sie sind Manifestationen des Jugendlichseins in sprachlicher Form und haben daher eine große Machtwirkung auf Jugendliche. In diesem Sinne behauptet Androutsopoulos, dass Musik die nonverbale Sprache der Jugend und die musikbezogenen Texte ein wichtiger Erscheinungsort der jugendsprachlichen Mittel seien (1998: 55). Neben Kleidung und Sprache spielt auch der US-Amerikanische Hiphop und Rap als jugendspezifisches Stilmittel eine bedeutende Rolle. Die Sprache der Musik ermöglicht den Jugendlichen, ihre jugendspezifischen Verständnisse in einem medialen Kontext zu äußern. Die Migrantenjugendlichen drücken ihren Protest gegen die Erwachsenenwelt und gegen die deutsche Mehrheitsgesellschaft durch den Migranten-HipHop aus. HipHop und Rapmusik haben auch eine prosodische Eigenart, die mit dem Sprechtempo der Migrantensprache übereinstimmt. Das sprechsprachliche Tempo der Migrantensprache ist, so Zaimoğlu, *„dem Free-Style-Sermon im Rap verwandt, dort wie hier spricht man aus einer Pose heraus"* (1995: 13). Der Rap wird deswegen als ein Medium definiert, denn er vermittelt die Lebenspraxis der Migrantenjugendlichen. Dieser Sachverhalt zeigt sich am deutlichsten in dem folgenden Rap-Lied von Sido und Alpa Gun:

Sido: *Evet hier ist Sido dinle ve kes lan*
her bir satırım dillere destan
kendimi bildim bileli hep Hip Hop dedim

sende mi Rap'ci oldun? İyi bok yedin!
[…]
Destanımın adi bir savaşçı
Gurbetin elinde bir yabancı
memlekete giden bir almancı
zor be baba, sor bir bana
Kimseden bize bir hayır yok
yine de insana saygımız cok
e sükür allahim ha karnımız tok
zor be baba, sor bir bana

Alpa Gun: *Frag mich was du willst ich mach dir klar was sache ist*
ist doch egal ob ich ein Deutscher oder ein Kanake bin
ich bin hier geboren ich weiß das es hier nicht so einfach ist
auch in der Türkei frage ich mich wo meine Heimat ist
hier bin ein Ausländer und drüben wie ein Tourist
leider hat sich nichts geändert weil es heute noch so ist
Canim ich mach Straßenpolitik doch komme schwer voran
[…]
ich heb die Faust hoch hörst du die Straße streiten
ich bin die Stimme der Straße das ist mein Markenzeichen
ich bleib so wie ich bin ich werd mich durch die Szene boxen
denn ich bin ein Ghettojunge und kämpfe um jeden Groschen !
Alpa Gun & Sido – Sor Bir Bana[42]

Der junge Rapper versteht sich als *Stimme der Straße* und verwendet dabei die *Sprache der Straße*. Man kann erkennen, dass das Migrantenbewusstsein und Jugendbewusstsein in den Hiphop- und Rap-Texten am besten kodiert sind. Es hat sich herausgestellt, dass dieses Lied einen wichtigen Freiraum für junge Migranten darstellt, wo sie ihre soziale Zerrissenheit explizit angeben können. Darüber hinaus kann man sagen, dass die Jugendlichen dabei das Wirkungspotential der Musik nutzen und somit die Wirkung ihres Protests erhöhen.

Genauso wie Hiphop und Rap werden Anglizismen von Migrantenjugendlichen als sprachliche Artikulierungsform für ihre kulturelle Andersheit benutzt. Sie sind massenmedial vermittelte globale Ressourcen, die von Migran-

42 Siehe dazu http://www.izlesene.com/video/sor-bi-bana/2696725

tenjugendlichen aus der Musikszene oder aus anderen medialen Kontexten wie Internet und Werbung erworben und im Gespräch flexibel eingesetzt werden, um dem jugendspezifischen Sprachstil *Coolness* zu verleihen (Wittenberg&Paul 2009: 111). Die folgenden Beispiele illustrieren, dass der Gebrauch von englischen Ausdrücken die Wirkung des Satzes erhöht:

(1) isch brauch dein mitleid nicht (.) nigger
(2) isch bin in da house
(3) shit nigger (.) shit

(Urban 2007: 20)

Wie in den angeführten Beispielsätzen veranschaulicht wird, wird im *Kiezdeutschen* von Anglizismen Gebrauch gemacht, wenn von einem (zumeist politischen) Tabuthema die Rede ist. Die nominale Anredeform *„nigger"* in den Sätzen (1) und (3) entstammt dem Tabuwortschatz des Englischen (ebd.) und dient zur negativen Stigmatisierung der Black-Amerikanischen Minderheiten. Ein zweites musterhaftes Beispiel für die häufige Verwendung von Anglizismen im *Kiezdeutschen* liefert der folgende Ausschnitt aus dem Internet. Die Selbstbeschreibung des *„BERLINEromantikers"* lautet folgendermaßen:

[BERLINEromantiker]
EYYY ICH BIN 1,73m UND SEHR SEHR SPORTLICH
ICH BIN STOLZER 100% PAKISTANER guckt mal video an
DAS IST PAKISTAN MEIN LAND
MEIN STOLZZZZZZZ NAtional hymneeeee wallah wer probleme
hat soll zu mir kommen
aber seh nicht soo aus wie paki
aber kann auch türkisch verstehen und reden mit mit Türken
aufgewachsen hehe wallah TÜRKEI und PAkISTAN best friendssss

(Wittenberg&Paul 2009: 104f)

Typisch für *Kiezdeutsch* an diesem Beispiel ist in erster Linie die Verwendung des Multiethnolekts seitens eines drittethnischen Jugendlichen. Auch die Sprachgestaltung ist typisch kiezsprachlich. Der hier zitierte Jugendliche wechselt zwischen drei verschiedenen Sprachen, nämlich zwischen dem Deutschen, dem Arabischen und dem Englischen und hat aus diesem Grund ein mehrsprachiges Repertoire. Zweimal taucht das arabische Lexem wallah (Z. 4 und 8) auf, um seine Aussage zu verstärken und zu beweisen, dass er mit Türken aufgewachsen ist (ebd.). Am Anfang beginnt der Beitrag mit der englischen Interjektion ey, als Markierung seines *coolen* Stils. Am Ende wechselt er wieder ins Englische und formuliert die Äußerung *best friends* auf Englisch, vermutlich um die Expressivität seines Beitrags zu steigern und sich einer bestimmten *coolen* Gruppe zuzuordnen (2009: 117). Eine ähnliche Struktur liegt folgenden zwei Beispielen zugrunde:

(1) aber mit M. war sie BRUder und SCHWESter,
weißt du doch! Die waren doch voll eng,
BEST friends waren die doch.
(Wittenberg&Paul 2009: 115)

(2) guckma,
isch,
mein KUMpel nennt sie BITCH,
JEder nennt sie bitch,
(Wittenberg&Paul 2009: 111)

Die Entlehnungen *BEST friends* und *Bitch* aus dem Englischen leisten einen wesentlichen Beitrag zur Intensivierung der Aussage und verleihen dem Gespräch einen coolen Stil, wie es auch in dem folgenden Beispiel der Fall ist:

KA: NEIn wir ham eigene KELlers und so.
wir ham KELlers=öh=ja=
BO: =PARTYkellers,
[...]
KA: in KELLERS (in angelMODDE)
IN: ach nur bei euch zu hause,
BO: ↑NEIN=NICH bei uns zu hause (.)
wir ham so TRAIningskeller (.)
[...]
BO: [ja=ja. aber UNSER training (wir=wir holn jetz nich) TRAIners un=so
[...]
KA: =in KELLERS (Bücker 2007: 51)

Bemerkenswert an diesem Beispiel ist die Verwendung des englischen Suffix *s* bei der Pluralbildung eines deutschen Lexems *Keller(s)*. Das Lexem Keller(s) hat die gleiche Struktur wie der oben angeführte englische Ausdruck *TRAIners*. Die bisherigen Ausführungen verdeutlichen, dass die Globalisierung zur Aufhebung der Sprach- und Kulturgrenzen und parallel damit zum Austausch von kulturellen Werten der beteiligten Systeme geführt hat. Im Rahmen des *Kiezdeutschen* findet dieser Austausch auf der Ebene der Musik und in dem Gebrauch von Anglizismen statt. Anzumerken ist in diesem Zusammenhang weiterhin, dass die *lingua franca* der globalen Welt, also das Englische, im Rahmen des *Kiezdeutschen* nur ein Instrumentarium bereitstellt, mit dem ein cooler Stil in der Jugendsprache erstellt wird. Darüberhinaus ist noch zu bemerken, dass *Kiezdeutsch* dabei selbst zur *lingua franca* unter Migrantenjugendlichen wird.

3.3 Sprachliche Strukturen des *Kiezdeutschen*

Das *Kiezdeutsch* bildet ein eigenständiges System von linguistischen Zusammensetzungen aus Herkunftssprachen der beteiligten Migrantengruppen sowie aus dem Deutschen und erhält somit eine besondere Sprachstruktur. Im Folgenden sollen die grammatischen Reduktionen und die innovativen Entwicklungen des *Kiezdeutschen* herausgearbeitet werden, die für die Untersuchung der kiezsprachlichen Strukturen von besonderem Interesse sind. Um die grammatischen Reduktionen im Rahmen des *Kiezdeutschen* aufzuzeigen, sollen im ersten Abschnitt dieses Kapitels typische Beispiele für die jeweiligen Reduktionsverfahren der Migrantenjugendlichen exemplarisch aufgeführt und die syntaktischen und morphologischen Veränderungen ausführlich diskutiert werden. Im zweiten Abschnit werden anhand von Gesprächssequenzen aus dem Alltagssprachgebrauch der Migrantenjugendlichen einzelne Aspekte des innovativen Sprachgebrauchs näher beleuchtet. Im Fokus stehen dabei die besondere Informationsstruktur, das Muster des Adv SVO sowie die Wortstellungsvariation im *Kiezdeutschen*.

3.3.1 Herkunftssprachliche Strukturen und grammatische Reduktionen im *Kiezdeutschen*

Der Einfluss der Herkunftssprachen und diesbezügliche grammatische Vereinfachungen spielen bei der Unterscheidung des *Kiezdeutschen* von dem Standarddeutschen eine Schlüsselrolle. In diesem Zusammenhang hat Wiese für die Unterscheidung des *Kiezdeutschen* von dem Standarddeutschen, auch von anderen Jugendsprachen zwei zentrale Merkmale eingeführt:

1. der Einfluss der Sprachen aus Herkunftsländern der verschiedenen Migrantenpopulationen, der sich in phonetisch-phonologischen Veränderungen und in der Einführung lexikalischen Materials und kurzer Routinen zeigt;

2. grammatische Reduktionen auf morphologischer und syntaktischer Ebene (2006: 248)

Im Folgenden soll versucht werden, die zur Debatte stehenden herkunftssprachlichen Strukturen und die grammatischen Reduktionen ausführlich zu besprechen und die folgende Frage zu beantworten: Inwiefern wird das *Kiezdeutsch* von den beteiligten Herkunftssprachen beeinflusst?

3.3.1.1 Herkunftssprachliche Strukturen

Genauso wie die Migranten aus ihrem Herkunftsland ins Ausland ausgewandert sind, wandern auch herkunftssprachliche Elemente seitens der Migrantenjugendlichen in ihre Gespräche ein. Wie oben erwähnt, ist das Repertoire dieser Elemente im *Kiezdeutschen*, was ihre Struktur betrifft, sehr vielfältig; es handelt sich dabei um unterschiedliche Strukturen aus dem lexikalischen und phonetisch-phonologischen Bereich sowie aus dem Bereich der Routineformeln. Im phonetisch-phonologischen Bereich fühlt man den Einfluss der Herkunftssprachen in der Koronalisierung[43] von [ç] und in der Reduktion des Anlautclusters[44] [ts] zu [s] (Auer 2003: 257; Dirim&Auer 2004: 207; Wiese 2009: 785).

Die Etablierung herkunftssprachlicher Strukturen in der *Kiez-Sprache* hängt von ihrer ästhetisch-stilistischen Variabilität ab. Meist werden sie von Jugendlichen als stilistische und kreative Verstärkungsmittel in die Gespräche

43 Die Koronalisierung ist die Artikulation des standardsprachlichen *ich-Lauts* [ʃ] mit dem kiezsprachlichen *isch-Laut* [ç] (Auer 2003: 257; Dirim&Auer 2004: 207; Wiese 2009: 785), wie z.B. in den Beispielsätzen; *isch hol FEUer bruder, man wird nur verarscht von den mädschen* (Bücker 2007: 33).

44 Beispielsweise werden bei der Artikulation der Nomen *Zimmer, Zeitung* und *Zeit* die Anlautcluster des Typs *[ts]* zu *[s]* reduziert (Auer 2003: 257; Dirim&Auer 2004: 207; Wiese 2009: 785).

integriert, um ihren Äußerungen, ohne dabei die Gesamtbedeutung der jeweiligen Äußerung zu verändern, eine besondere Effizienz zu verleihen. Die herkunftssprachlichen Strukturen haben einen funktionalen Charakter; sie tragen nämlich durch ihre Effektivität zur Bekräftigung des Gesagten bei. Die folgenden Beispiele sollen die Effektivität des herkunftssprachlichen Materials auf lexikalischer Ebene darlegen:

(1) **moruk** die hängen guck mal die hängen hier (Dirim&Auer 2004: 125)
(2) **moruk moruk** guck dir doch mal an (Dirim&Auer 2004: 190)
(3) komm mal her **lan** (Dirim&Auer 2004: 129)
(4) hätt ich wieder eine fertig **lan** (Dirim 2005: 22)
(5) sch=geh nur schwimmbad weil des sportlisch is **lan siktir lan** (Keim 2008: 234)
(6) **oğlum** morgen spielen wir gegen niendorf (Dirim 2005: 23)
(7) ok **hadee** schreib mir dann pass auf dich auf **yallah bye canee** (Wiese u.a 2010b: 21)
(8) **ay şey** in der letzten zeit geht's richtig geil ab ey ich schwör's (Dirim 2005: 27)
(9) **wallah** natürlich bin isch erster (Urban 2007: 19)
(10) ja jetzt noch eine runde **wallah** (Urban 2007: 19)

Die nominalen Anredeformen *moruk* (*Alter*), *lan*, *oğlum* (*mein Sohn*), *canee* (*mein Herz, meine Seele;* vermutlich abgeleitet aus dem Kosenamen *canım*) sind aus dem Türkischen entlehnt worden. Andere Grenzgänger, die aus dem Bereich der türkischen Anredeformen in kiezsprachliche Äußerungen Eingang gefunden haben, sind die nominalen Formen wie abi (*Bruder;* abgeleitet aus der traditionellen Anredeform *ağabey*), *canım* (*mein Herz, meine Seele*) und *kız* (*Mädchen*) (Dirim & Auer 2004: 95; 193). Die Beschimpfungsform *siktir lan* (verpiss dich) ist im *Kiezdeutschen* der am häufigsten vorkommende Ausdruck aus dem Tabuwortschatz des Türkischen. Daneben werden der Diskursmarker *ay şey* (*oh Dings*), das arabische Lexem *yallah* (*los*) und der arabische Schwörausdruck *wallah* sowie die Füllwörter *hade* (*hadi=los – aus dem Türkischen*) und *bye* (*aus dem Englischen*) spontan in den Gesprächen eingesetzt und helfen den Sprechern innerhalb der Gespräche ihre eigene Stimme zu entwickeln. Die oben angeführten Beispiele legen nahe, dass durch den Einsatz der lexikalischen Entlehnungen in die Gespräche ein bestimmtes Rahmenmuster erstellt wird. Der deutsche Satz wird dabei durch die herkunftssprachlichen Grenzgänger eingerahmt (Dirim&Auer 2004: 193; Dirim 2005: 31). Die nominalen Anredeformen stehen nach Dirim fast immer am Anfang und Ende der Äußerungen und dienen zur Eröffnung und Beendigung der Redebeiträge (2005: 20). Die folgenden Beispiele illustrieren, wie eine türkische Interjektion einen deutschen Satz umrahmt:

(1) **Çüş**, wie machst du mich so an, **lan**?[45]

(2) Pari: und wie viel Kostet er hier?
Afsoon: rate mal?
Pari: dreißig?
Afsoon: <<p> SIEBzig.>
Pari: <<f> **çü: ş:** :> denn=hol ( ) ce und a: alter
(Dirim&Auer 2004: 194)[46]

Wie dem Beispiel (1) zu entnehmen ist, wird durch die Einbettung der türkischen Interjektion çüş[47] und der für das *Kiezdeutsch* typischsten Anredeform lan das Gespräch eingerahmt. Am Anfang erweckt die Interjektion *çüş* Aufmerksamkeit, und dann wird das Gespräch mit der auffälligen stilistischen Markierung der Anredeform *lan* am Ende beendet. Der Einsatz der Interjektion *çüş* am Anfang der Äußerung im zweiten Beispiel spielt ebenfalls eine Rolle. Er drückt den Gefühlszustand des Sprechers aus. Er ist ein verbales Signal der Verwunderung gegenüber dem hohen Preis in den Werbeanzeigen und dient hier zur Intensivierung der Reaktion des Mädchens.

3.3.1.2 Grammatische Reduktionen

Die grammatischen Reduktionen im *Kiezdeutschen* beziehen sich auf die direkte Wirkung der Herkunftssprache auf die Sprachproduktion. Aus diesem

45 Das Beispiel ist aus einem Vortrag von Ulrike Freywald und Sören Schalowski (Universität Potsdam), den sie an der germanistischen Abteilung der Ege Universität am 12.05.2010 abgehalten haben, zitiert. Im weiteren Verlauf der vorliegenden Untersuchung werden für die Beispiele, die aus diesem Vortrag „Wortstellungsvariation in Kiezdeutsch" zitiert worden sind, als Zitatangabe nur die Sigles der betreffenden Belege aus dem Kiezdeutsch-Korpus angegeben.

46 Die beiden Mädchen unterhalten sich in diesem Gesprächsauszug über eine Anzeige in den Werbebroschüren. Die Buchstaben ce und a werden vermutlich auf Türkisch artikuliert. Gemeint ist damit, dass Pari das angeschaute Produkt lieber bei C & A kaufen wird (vgl. Dirim&Auer 2004: 194).

47 Die Interjektion *çüş* ist aus dem Türkischen entlehnt und wird zu den Eseln gesagt, um sie zu stoppen.

Grund wird dem Wechselverhältnis zwischen der Herkunftssprache und der Standardsprache bei der Bildung der neuen Sprachkontaktvarietät ein wichtiger Stellenwert zugesprochen. An dieser Stelle ist allerdings zu betonen, dass beim Sprachkontaktprozess die neue Varietät Kiezdeutsch durch die Mischung herkunftssprachlicher Strukturen mit der standardsprachlichen Struktur eines deutschen Satzes entsteht. Die betreffende Mischung wird im Gespräch als Grundlage für die neue Variante *Kiezdeutsch* herangezogen. Dieser Sachverhalt hat dazu geführt, dass das grammatische System des *Kiezdeutschen* an manchen Stellen vereinfacht wurde. Die betreffenden Vereinfachungen sind aber, wie Wiese bemerkt, keine bloβen Vereinfachungen, die zufällig statfinden, sondern implizieren eine eigene Systematik, die die Entstehung von neuen grammatischen Formen veranlasst (2009: 15).

Im Bereich des *Kiezdeutschen* kommen grammatische Reduktionen meistens im morpho-syntaktischen Bereich vor, die sich, so Wiese, „*in der Reduktion funktionaler Kategorien auf der Satzebene und auf der nominalen Ebene*" (2006: 254) zeigen.

Die Reduktionstypen auf der Satzebene werden in den unten folgenden Beispielen anhand der *Abweichungen in Genus- und Kasusflexion* im morphologischen Bereich näher beleuchtet (Wiese 2006; 2009; Wiese u.a. 2009):

(1) eGAL was für **ein** HIPhopmusik ich höre […]
(Kiezdeutsch Korp., Spr. MuH9WT)

(2) **Meine** Vater geht spazieren (Wiese u.a 2009: 52)

(3) Also meine Schwester (…) von klein an,
sieh mal, du bist 'ne kleine Türkin,
kleidest dich wie 'ne Türkin,
das also von meiner Schwester her,
jetzt von meiner Mutter kam gar nichts rüber,
aber **mein Schwester** hat mich von klein an schon immer fertig gemacht,
ja du Türke, redest voll wie Türkin so (Dirim & Auer 2004: 44)

(4) (a) RO: oKAY sag ma jetz über **MEIne mädchen**
I1: ja hast du=n mädchen?
RO: JA ich hab **eine mädchen** (Bücker 2007: 45)
(b) RO: ich hatte **ein mädchen** <<acc> aber ich hab nicht
gewusst dass (man) **fünf andere mädchen** noch da in
diese diskothek kommen (.)> (.)

auf einmal ich sah **meine mädchens**=ich hab die
alle mit in toilette gemacht und hab FÜNFergRupp
gemacht> (-)

(Bücker 2007: 50)

Die Vereinfachungen von Flexionsformen beeinflussen die Geschlechts-, Fall- und Zahlendungen, die sich zum Teil durch die oben angegebenen ambivalenten Äußerungen manifestieren. Deutlich zu erkennen ist an diesen Äußerungen die abweichende Struktur von Genusflexionen *ein HIPhopmusik* (im Standarddeutschen *ein[e] HIPhopmusik*) und *Meine Vater* (im Standarddeutschen *Mein_Vater*). Besonders bemerkenswert sind aber die Gesprächausschnitte in den letzten zwei Beispielen, mit denen bewiesen wird, dass die vereinfachte Form bei der Flexion der Nomen *Schwester* und *Mädchen* kein Interferenzfehler ist, sondern die Ausdrücke *mein Schwester* und *meine/eine Mädchen* nur als eine vereinfachte Form gebraucht werden. Die Flexionen *meine Schwester* und von *meiner Schwester* in den ersten und vierten Zeilen des dritten Beispiels zeigen, dass die richtige Flexionsform dem Sprecher bekannt ist. Derselbe Sachverhalt, dass dem Sprecher die richtige standardsprachliche Form der Flexion bekannt ist, wird durch die Flexion des Substantivs *Mädchen* als *ein mädchen* in dem Beispiel 4b bewiesen.

Die Reduktionsprozesse auf syntaktischer Ebene lassen sich den folgenden Kategorien zuordnen:

- Bloβe Nominalphrasen
- Fehlen von Kopula
- Abweichungen in der Verbstellung

(Wiese 2006; 2009; Wiese u.a. 2009: 11)

Auf der nominalen Ebene des Kiezdeutschen fehlen meist die Determinierer oder Präpositionen, wie in den folgenden Beispielen dargestellt wird:

(1) hast du **problem**? (Auer 2003: 258)
(2) Auto von **Freund** hat **Flickflack** g'macht. (Füglein 2000: 108)
(3) aber ich hab **eigene wohnung**
(4) ich hab auch **feste freundin** (Bücker 2007: 41)
(5) Klar hab ich **Freundin**. (Füglein 2000: 87)
(6) Hast du **Verband**? (Füglein 2000: 87)

(7) Spielst Du Basketball in **Freizeit**? (Füglein 2000: 87)

(8) aber das war auch wegen **SCHIri** bisschen so (K.korp., Spr.: MuH13MT)

(9) Ich werde zweiter **Mai** fünfzehn. (Wiese 2006: 257)

(10) RO: wann habt IHR denn geburtstag,
I1: im MAI,
RO: jaa
EN: ich hab **februar**
RO: ich hab am DRITTEN mai und du? (Bücker 2007: 37)

(11) Ich würd gern **Berlin** gehen. (Füglein 2000: 81)

(12) Die ist fett, die ist **Aldi**, Aldi, die hab ich wirklich **Aldi** gekauft, schon zwei Jahre alt. (Füglein 2000: 88)

(13) Ich war letzten **Sommer Paris**

(14) Alex ist **Toilette**

(15) Fährst du **Schweiz** (Dürscheid 2003: 13)

(16) Das ist ähm **Gesamtschule**, früher war ich auf'm (!) Gymnasium, aber ich bin jetzt ähm ähm **Gesamtschule** übergegangen. (Dirim & Auer 2004: 209)

Die Beispiele von oben belegen, dass die Jugendlichen die nominalen und präpositionalen Phrasen systematisch verwenden, ohne dabei vor diesen Nomen die betreffenden lokalen und determinierenden Verweisformen zu stellen. Auffallend ist nun in den ersten acht Beispielen der Ausfall der bestimmten ([*der*] Freizeit, [*dem*] SCHIri) und unbestimmten Artikel ([*ein*] problem, [*einem*] Freund, [*einen*] Flickflack, [*eine*] eigene wohnung, [*eine*] feste freundin, [*eine*] Freundin, [*einen*] Verband). In den Beispielen (9, 10, 13) fallen die temporalen Angaben ([*am*] zweiten Mai, [*im*] februar, [*im*] letzten Sommer) aus und werden in der unflektierten Form der Determinierer verwendet. In den Beispielen (11–15) übernimmt die bloße Nominalphrase die Rolle der Lokalangabe ([*nach*] Berlin, [*von*] Aldi, [*nach*] Schweiz, [*in*] Paris, [*auf die*] Toilette). Das letzte Beispiel beinhaltet beide Formen der syntaktisch-nominalen Reduktionen, wobei das Wort *Gesamtschule* zweimal ohne Vorverweis gebraucht wird ([*die*] Gesamtschule, [*auf die*] Gesamtschule). An dieser Stelle ist zu bemerken, dass im Gegensatz zu den standardsprachlichen Strukturen die Äußerungsstruktur im *Kiezdeutschen* minimalisiert wird, indem die Präpositionalphrasen zu bloßen Nominalphrasen reduziert werden.

Auch das Fehlen der Kopula ist eine andere, sich verfestigte Struktur des Kiezdeutschen, die sich von den fest geregelten Strukturen des Standarddeutschen unterscheidet. Folgende Beispiele illustrieren, wie die Kopulakonstruktion des *Kiezdeutschen* den syntaktischen Regeln der deutschen Standardsprache entgegenstehen:

(1) Was [*ist*] denn los hier? (Wiese 2006: 256)
(2) Ja, ich [*bin*] aus Wedding. (Wiese 2006: 256)
(3) Mein Fahrrad [*ist*] wieder da (Wiese 2010: 52)
(4) X: Hey lan, ich will heim nach München.
Y: München [*ist*] weit weg, Oider
X: Weiß, Oider (Füglein 2000: 89)

Das Fehlen der Kopula in diesen Äußerungen ist eine für die Standardsprache nicht übliche Konstruktion. Im Gegensatz zum Standarddeutschen wird in den obigen verblosen Satzkonstruktionen kein Bezug auf die Subjekte hergestellt. In diesem Zusammenhang meint Wiese, dass die verblosen Konstruktionen in der *Kiez-Sprache* den sogenannten „*Nominalsätzen*" in semitischen und slawischen Sprachen ähneln (2006: 256). Trotzdem führt die fehlende Kopula in diesen Beispielen keinesfalls zu Schwierigkeiten beim Verstehen.

Eine andere sehr wichtige Kategorie für die grammatischen Reduktionen im *Kiezdeutschen* bilden die Abweichungen in der Verbstellung. Für die Abweichungen in diesem Bereich können die folgenden typischen Beispiele angeführt werden:

(1) Morgen ich **geh** Arbeitsamt (Wiese 2006: 249)
(2) GEStern isch **war** Kudamm (Kiezdeutsch Korp., Spr. MuH9WT)

Es lässt sich an diesen Beispielen erkennen, dass sie ein vom Standard strikt abweichendes Struktursystem für die Verbstellung haben, nämlich das Muster des Adv SVO, wobei das Verb gleich hinter das Subjekt gestellt wird (Wiese 2009: 787). Die Stellung des Verbs beeinflusst direkt die Hervorhebung des Topiks der beiden Äußerungen (ebd.). Bemerkenswert ist vielmehr an diesen Beispielen, dass innerhalb einer Gesprächssequenz zwei Reduktionstypen verwendet werden: Zum einen könnte die Verbstellung dem Adv SVO-Muster zugeordnet werden, und zum anderen wird die Präpositionalphrase zur Nominalphrase reduziert:

Morgen ich geh ↘ [zum] ↙ Arbeitsamt / Gestern isch war ↘ [am] ↙ Kudamm
Adv. S. V [zum] O. Adv. S. V [am] O.

Neben den oben angegebenen morho-syntaktischen Reduktionen lassen sich auch im lexikalischen Bereich des Kiezdeutschen einige Abweichungen vom Standarddeutschen finden, die sich mit den Analogieverhältnissen zwischen den Verben *sagen* und *sprechen* bzw. *gucken* und *sehen/ansehen* erklären lassen (Wiese 2006: 254). Einige Beispiele sollen diesen Sachverhalt illustrieren:

(1) erst wenn der trainer **sagt**
(2) Ich **guck** dich
(3) Ich will so Make-up **gucken**

(Wiese 2006: 254)

Wiese meint, dass die Benutzer der *Kiez-Sprache* neben den oben angegebenen Formen auch die standardsprachlichen Strukturen in ihr Sprachrepertoire aufgenommen haben (ebd.). Jedes Verb hat eine eigene individuelle Verweisfunktion und setzt sich aus unterschiedlichen funktionalen Kategorien zusammen. In diesem Fall haben sagen und gucken eine stärkere explizite Argumentationsfähigkeit, die bei den standardsprachlichen Verbformen *sprechen* und *sehen/ansehen* implizit bleiben (Wiese u.a. 2010: 14f).

Zusammenfassend lässt sich sagen, dass sowohl bei der Integrierung herkunftssprachlicher Lexeme als auch im Reduktionsvorgang standardsprachlicher Strukturen im *Kiezdeutschen* die Gesamtbedeutung der Äußerungen beibehalten wird. Die zentrale Annahme besteht darin, dass die eigenartige Struktur des *Kiezdeutschen* dazu beiträgt, den Effekt der Äußerungen zu bekräftigen. Wiese behauptet in diesem Zusammenhang, dass die grammatischen Reduktionen nicht zufällige Vereinfachungen sind, sondern eine Systematik zeigen, die Anlass zur Entstehung von neuen grammatischen Formen geben kann (Wiese u.a. 2010: 15).

3.3.2 Sprachliche Innovationen im *Kiezdeutschen*

Wenn man nun auf die bisherigen Untersuchungsergebnisse zurückblickt, so lassen sich eine Reihe von sprachlich-funktionalen Kategorien erkennen, die für die Profilierung des *Kiezdeutschen* als eine produktive Varietät relevant sind. Aus diesem Grund wendet sich der Fokus in diesem Abschnitt von der Untersuchung des Restriktionsverhaltens im morpho-syntaktischen Bereich ab und richtet sich auf die Untersuchung der sprachlichen Produktivität des *Kiezdeutschen*, die sich in der kreativen Verwendung der sprachlich-funktionalen Kategorien zeigt. Bei der Unterscheidung des *Kiezdeutschen* von der Standardsprache findet man im Kiezdeutschen, so Wiese, „*nicht bloß sprachliche Vereinfachung, sondern eine systematische, produktive Erweiterung des Standarddeutschen*" (2010: 35). An dieser Stelle ist die Frage zu stellen, ob die Systematik des produktiven Musters im *Kiezdeutschen* mit dem Struktursystem der Reduktionsprozesse vergleichbar ist. Auf der Grundlage dieser Darlegungen werden im Folgenden nun zwei funktionale Kategorien analysiert, die eine identische Struktur mit den grammatischen Vereinfachungen aufzeigen. Wiese fasst die besagten grammatischen Vereinfachungen, die eine identische Struktur aufweisen, in den unten folgenden morpho-syntaktischen Kategorien zusammen:

> 1. der Aufstieg der neuen komplexen Konstruktionen auf der Grundlage der Verwendung von bloßen Nominalphrasen
>
> 2. die Entstehung neuer flexionslosen Elemente und Partikel, die grammatisch-pragmatische Funktionen erfüllen. (2009: 791)

In Anlehnung an die von Wiese vorgeschlagenen morpho-syntaktischen Kategorien werden im Folgenden Beispiele (aus den weiter oben angeführten Bereichen) für die Neukonstruktion von Nominalphrasen und für die Zusammensetzung neuer Partikel aufgeführt, bei denen Analogien zwischen dem *Kiezdeutschen* und Standarddeutschen erkennbar werden. Aus diesem Grund wird in diesem Abschnitt keine Konfrontation des *Kiezdeutschen* mit dem Standarddeutschen angestrebt, sondern beide Sprachen werden hinsichtlich ihrer grammatischen Konstruktionen untersucht.

Es wurde bereits in Kapitel 3.3.1.2 exemplarisch dargestellt, wie die Verwendung von bloßen Nominalphrasen zu Standardabweichungen führt. Zusätzlich dazu stellt Wiese fest, dass solche Vereinfachungen nur die sprachliche Weiterentwicklung der für die Standardsprache schon längst bekannten Formen sind (2010: 35f). Da diese Art von grammatischen Reduktionen hierbei als Teil des produktiven Musters des Kiezdeutschen betrachtet werden, sollen folgende Beispiele diesen Sachverhalt illustieren:

(1) Gehst du heute auch **Viktoriapark**? (Wiese 2006: 257)
(2) Gehst du jetzt **Aldi**? (Wiese u.a. 2010: 52)
(3) isch geh **markplatz** (Androutsopoulos&Keim 2000: 3)
(4) ich gehe **Bibliothek** (Androutsopoulos 2002: 259)
(5) Geh'n wir dann **Sport**, lan? (Füglein 2000: 87)
(6) ich geh **HAUPTschule** hiltrup (Bücker: 2007: 39)
(7) wollen wir nicht **Kiez** gehen? (Dirim & Auer 2004: 211)
(8) Mein Bruder geht noch **Schule**. (Dürscheid 2003: 13)
(9) Ich gehe **Sekretariat**. (Dürscheid 2003: 13)
(10) S2: mein vater hat (.) trägt leder
S1: wallah?
S2: ja: geht **moschee** mit lederhose (Urban 2007: 28)

In den oben angeführten Beispielen fehlen lokale Angaben ([*zum*] Viktoriapark, [*zu*] Aldi, [*zum*] markplatz, [*zur*] Bibliothek, [*zum*] Sport, [*auf die – in die*] HAUPTschule, [*in den*] Kiez, [*zur*] Schule, [*in das*] Sekretariat, [*zum*] moschee), die auf die Auswirkung des Verbs *gehen* zurückzuführen sind. Es zeigt sich somit, dass in den obigen Satzbildungen die Präpositionalphrasen nicht zufällig, sondern verbspezifisch weggelassen worden sind. Die Konstruktion solcher Strukturen kann einer bestimmten Systematik unterzogen werden, die einer in standardsprachlichen Äußerungen repräsentierten Struktur des Deutschen ähnelt, wie die folgenden Beispiele belegen:

(1) Ich bin **U-Hellersdorf** ausgestiegen (Wiese u.a. 2010a: 24)
(2) Dann steigen Sie **Mollstraße** aus. (Wiese 2010: 36)
(3) da müssen sie **Jakob-Kaiser-Platz** umsteigen (Wiese 2009: 792)

Das Fehlen von präpositionalen Verweisformen ([*am*] U-Hellensdorf, [*an der*] Mollstraße, [*am*] Jakob-Kaiser-Platz) macht hier also deutlich, dass alle Äußerungen die gleiche lokale Konstruktion der Nominalphrase haben. Somit ist nachweisbar, dass die obigen kiezsprachlichen Formen aus dem Standarddeutschen abgeleitet worden sind.

Es sind im Standarddeutschen außer gehen noch andere Verben existent, die im *Kiezdeutschen* ähnliche spezifische Merkmale aufweisen:

Kiezdeutsch: Ich bin **Schule** (Wiese 2009: 792)
Ich bin der **party** moruk (Androutsopoulos 2001a:12)

Standarddeutsch: Sind wir schon **Zoo** (Wiese 2010: 37)
Nein wir sind noch **Wannsee** (Wiese 2009: 792)

Auch bei den oben angeführten Beispielen werden die lokalen Angaben ähnlich wie bei den Konstruktionen mit dem Verb *gehen* ohne Präpositionalphrase gestaltet ([*in der*] Schule, [*auf der*] party, [*am*] Zoo, [*am*] Wannsee). Auf diese Weise wird deutlich, dass die Verwendung der bloβen Nominalphrasen mit dem Bewegungsverb *gehen* und mit dem Kopulaverb *sein* keine bloβen Restriktionserscheinungen sind, sondern nur eine Erweiterung der ähnlichen standardsprachlichen Strukturen. Der Unterschied liegt nach Wiese nur in den Anwendungskontexten dieser Strukturen: Während im Standarddeutschen diese Art von Ortsangaben in Bezug auf Haltestellen[48] gebraucht werden, kennt das *Kiezdeutsche* keinen bestimmten Äuβerungsrahmen (2010: 37).

Ferner verweist Wiese auf ein anderes produktives Muster des *Kiezdeutschen*, welches sich durch den Gebrauch der Partikel auszeichnet, wobei auf der Grundlage standardsprachlicher Strukturen neue Partikel wie *lassma* und *musstu* entwickelt worden sind (2006: 254). Sie bezeichnet den Partikel *musstu* als eine *sprecher-exklusive* Form, die auf eine direkte Aufforderung an den Hörer bzw. die Hörer mit der pronominalen Anredeform *du* bzw. *ihr* deutet (Du/Ihr-Vorschläge), und *lassma* als eine *sprecher-inklusive* Form, mit der sowohl der Sprecher selbst wie auch der Hörer indirekt aufgefordert werden (2009: 799). Beispiele dafür sind:

(1) **Lassma** Moritzplatz aussteigen. (Wiese 2006: 254)
(2) **Musstu** doppelstunde fahren. (Wiese 2009: 799)
(3) **Lassma** Viktoriapark gehen! (Wiese 2010: 36)
(4) **Musstu** hier anhalten! (Wiese 2010: 36)
(5) **lassma** licht ausmachen (Urban 2007: 61)
(6) **lassma** jetzt fifa street spielen mann (Urban 2007: 63)
(7) **lassma** was neues nehmen (Urban 2007: 77)

48 Solche Konstruktionen ohne Präpositionalphrase werden in der deutschen Standardsprache bei der Bezeichnung von Haltestellen öffentlicher Verkehrsmittel verwendet, beispielsweise als Antwort auf die Fragen nach dem Weg (Wiese 2010: 36).

In der Standardsprache:

(1) Lass uns mal am Moritzplatz aussteigen. (sprecherinklusiv)
Lass sie/er mal am Moritzplatz aussteigen.
Lass mal die Frau/den Mann am Moritzplatz aussteigen.
(2) Du musst eine Doppelstunde fahren (sprecherexklusiv)
/Ihr müsst eine Doppelstunde fahren
(3) Lass uns mal zum Viktoriapark gehen. (sprecherinklusiv)
Lass sie/er mal zum Viktoriapark gehen.
Lass mal die Frau/den Mann zum Viktoriapark gehen
(4) Du musst hier anhalten. (sprecherexklusiv)
Ihr müsst hier anhalten.

(Wiese 2009: 799–803)

(5) Lass uns mal das Licht ausmachen
Lass sie/er mal das Licht ausmachen
Lass mal die Frau/den Mann das Licht ausmachen
(6) Lass uns mal jetzt fifa street spielen mann
Lass sie/er mal jetzt fifa street spielen mann
Lass mal die Frau/den Mann jetzt fifa street spielen mann
(7) Lass uns mal was neues nehmen
Lass sie/er mal was neues nehmen
Lass mal die Frau/den Mann was neues nehmen

Während der Ausdruck *lassma* aus der Kombination des Verbstamms *lass* (lassen) mit der Verkürzung *ma* des Adverbials *mal* entsteht, ist der Ausdruck *musstu* aus der Kombination des Modalverbsstamms *muss* (*müssen*) mit dem Personalpronomen *du* (*tu*) entstanden. Die infinitiven Flexionsformen von den Verben *aufsteigen, fahren, gehen, anhalten, ausmachen, spielen, nehmen*, die am Ende der Äußerungen stehen, sind feste Strukturen im *Kiezdeutschen*: Die Verben, die mit diesen Partikelkonstruktionen assoziert werden, werden stets genauso wie die Partikel selbst nicht-flektiert (lassma+V_{inf}/ musstu+V_{inf}) gebraucht. In den Beispielen werden lassma und musstu in Form eines Imperativsatzes geäußert. Die betreffenden Partikelkonstruktionen haben, ohne die Bedeutung zu verändern, die satzeinleitende V1-Position übernommen und dabei zugleich den Ausdruckseffekt bekräftigt. Die Partikel sind zwar syntaktisch reduziert worden, aber funktional wurden sie verstärkt, indem sie den

Äußerungen die Form eines Imperativsatzes und den Ausdrücken die Form einer direktiven Bitte (!) verleihen (Wiese 2009: 799).

Abschließend ist hervorzuheben, dass im Rahmen des *Kiezdeutschen* zwei Formen von morphosyntaktischen Innovationen zu beobachten sind. Die eine Form ist die Neukonstruktion von lokalen und temporalen Angaben und deren Ausweitung auf die Gesamtvarietät (als allgemein-anerkannte Muster), die zugleich als Rekonstruktion standardsprachlicher Strukturen aufgefasst wird. Die andere Form ist die Entstehung neuer Partikel wie *lassma* und *musstu*, womit kiezssprachlichen Äußerungen eine besondere Aussagekraft verliehen wird.

3.3.2.1 Die Verwendung der Funktionsverbgefüge

Funktionsverbgefüge sind, so im Duden, ein *„aus einer festen Verbindung von Substantiv und Verb bestehendes Syntagma, bei dem der Verbinhalt verblasst ist und das Substantiv den Inhalt der Wortverbindung bestimmt“*[49]. Sie setzen sich aus der nominalen Kombination der Funktionsverben mit dem Substantiv zusammen, wobei das Verb von seiner ursprünglichen Semantik abweicht. Einige Beispiele für die nominale Kombination von Funktionsverbgefügen sind: *zum Ausdruck bringen, das Verprechen geben, Anwendung finden, Schluss machen*. Die unten folgenden Beispiele sollen die morpho-syntaktische Abweichungsstruktur von Funktionsverbgefügen im Standarddeutschen illustrieren:

Er **bringt** das Radio wieder **in Gang**. (starten, beginnen)
Er **bringt** das Radio wieder **ins Zimmer**.

Das Funktionsverb *bringen* und der nominale Teil des Satzes *in Gang* fügen sich in dem ersten Beispiel zusammen, wodurch die Betonung im Satz auf eine neue Bedeutungsebene gelegt wird, die die eigentliche Semantik des Satzes stark verändert. In dem zweiten Beispiel werden das Vollverb *bringen* und die Präpositionalphrase *ins Zimmer* miteinander kombiniert, ohne dass dabei das semantische Grundschema des Satzes seine Form verliert.

Wiese stellt fest, dass Funktionsverbgefüge im Rahmen des Sprachkontakts grundsätzlich in zwei Formen vorkommen können: entweder als Entlehnung nicht-muttersprachlicher Nomen auf der Ebene des sprachlichen Systems oder in Formen des individuellen Sprachkontakts auf der Ebene einzelner Sprecher,

49 Siehe Duden Online-Wörterbuch: http://www.duden.de/rechtschreibung/Funktionsverbgefuege

etwa im Code Switching (2006: 262). Nach Wiese kommt es bei diesem Prozess zu keinerlei Änderungen in der standardsprachlich angelegten Grundstruktur der Funktionsverbgefüge, was sich auch im Türkischen z.B. durch den Gebrauch des Verbs *etmek* [yardım etmek/Hilfe machen] und im Persischen durch den Gebrauch des Verbs *yapmak* [telfün kardan/telefonieren/Telefon machen] beobachten lässt (2006: 263). Folgende Beispiele aus dem ethnolektalen Deutsch geben einen Überblick über die Integrierung der türkisch-deutschen Mischungen von Funktionsverbgefügen in dem Gespräch Jugendlicher mit und ohne Migrationshintergrund:

(1) bisschen **iş machen** weiβt du so (Dirim&Auer 2004: 198)
(2) Sizde neler **benoten yapılıyor**?
(Was wird bei euch benotet?)
(3) Physiklehrer **erzähln yaptı** biliyormusun anlattı anlattı.
(P. hat erzählt, weiβt du, hat erklärt und erklärt)
(Hinnenkamp 2005: 74)
(4) ben bizim okulda **austeilen yapsaydım** [...].
(wenn ich (sie) in unserer schule ausgeteilt hätte [...])
(Keim 2008: 331)
(5) Hatce simdi bi **vergessen et** für ne zeitlang
(hey Hatce, jetz vergiss das mal für ne Zeitlang)
(Androutsopoulos&Keim 2000: 3)

Die in Beispiel (1) angeführte ethnolektale Form von dem Funktionsverbgefüge *iş machen* ist eine fakultative Nomenergänzung aus dem Türkischen, wobei das entlehnte Nomen *iş* unflektiert bleibt und das deutsche Verb *machen* nach den türkischen Strukturregeln gebildet wird: Nomen+yapmak (Dirim&Auer 2004: 198 Fuβnote:18). Die Ausdrücke in den anderen Beispielen haben dagegen die gegensätzliche Struktur; in den türkischen Sätzen werden die Verben *benoten, erzähln, austeilen, vergessen* aus dem Deutschen entlehnt. Hier geht es um eine Verbergänzung aus dem Deutschen. Wie den obigen Beispielen zu entnehmen ist, kommen Funktionsverbgefüge im ethnolektalen Deutsch nur bei bestimmten Verben (machen/tun, yapmak/etmek) vor. Die unten folgenden Beispielsätze sollen die unterschiedlichen Verwendungen des Verbs machen exemplarisch darstellen:

(1) wollen wir danach turnier **machen**? (Urban 2007: 48)
(2) dann **macht** neuversuch jetzt (Urban 2007: 48)
(3) S2: weißt du was ich trainieren werde?
nur rücken brust bauch **machen** und arme im urlaub
S1: ohne beine
S2: beine isch **mach** nie (.) wallah
S3: er muss nicht arme **machen** und beine (Urban 2007: 48f)
(4) siktir lan, isch schwör langer isch **mach** disch tot
(Androutsopoulos&Keim 2000:3)

Die oben angegebenen Formen verdeutlichen die systematische Verwendung des Verbs *machen* im *Kiezdeutschen*, wobei das semantische Muster des türkischen Verbs *yapmak* durch das deutsche Verb *machen* rekonstruiert wird. Im Gegensatz zum Standarddeutschen verfügt das *Kiezdeutsch* bei der Bildung der neuen Funktionsverbgefüge über eine hoch-komplexe Konstruktionsstruktur, wie es bei dem Ausdruck *Ich mach dich Messer* der Fall ist. Es sind noch andere Fälle vorhanden, in denen das Verb semantisch gebleicht ist. Einige Beispiele hierfür sind:

(1) **Machst** du **rote Ampel** (Wiese 2006: 256)
[= Du gehst bei Rot über die Straße]
(2) Lassma **Weltmeisterschaft machen**[50] (Urban 2007: 33)
(3) sie **macht JACKpot** gerade! (Wittenberg&Paul 2009: 114)
[=Sie spielt gerade Jackpot]
(4) **Hast** du **U-Bahn**? Nee, ich **hab Fahrrad**. (Wiese 2006: 256)
[= Nimmst du die U-Bahn? Nein, das Fahrrad.]

Durch die morpho-syntaktische Kombination der Verben *machen* und *haben* mit den unflektierten Nominalphrasen *rote Ampel, Weltmeisterschaft, JACKpot, U-Bahn, Fahrrad* hat sich die Gesamtstruktur der betreffenden Äußerungen verändert. Die Fokusänderung im Satz führt dabei zur Reduzierung der semantischen Effektivität (Wiese 2009: 794). Auf dieser Grundlage stellt man fest, dass in den Beispielsätzen eine gewisse Systematik herrscht, die Wiese am

50 Die Aussage *Weltmeisterschaft* bezieht sich auf ein Fuβballspiel „Fifa“ auf der Spielkonsole „Playstation“ (vgl. dazu Bücker 2007: 40)

Beispiel des Musters *Ich mach dich Messer* im Folgenden zu erklären versucht (2006: 266):

(1)	Kiezdeutsch	:	Ich mach dich Messer
	Türkische Übrs.	:	Seni bıçak ederim/yaparım
	Standarddeutsch	:	Ich werde dich mit einem Messer angreifen
			(Wiese 2006: 256)
(2)	Kiezdeutsch	:	isch mach disch krankenhaus
	Standarddeutsch	:	ich schlag dich krankenhausreif
			(Keim 2008: 231)

In den Aussagen *Ich mach dich Messer* und *isch mach dich krankenhaus* wird die semantische Struktur des türkischen Hilfsverbs *yapmak/etmek* auf das deutsche Verb *machen* übertragen. In dem ersten Beispiel wird das Gesprächsargument im Satz durch das Verb machen und durch seine besondere Kombination mit dem Ausdruck *Messer* dargestellt. Anstatt der deutschen Standardstruktur *Ich werde dich mit einem Messer angreifen* wird im *Kiezdeutschen* die morpho-syntaktisch reduzierte, aber grammatisch systematische Form *Ich mach dich Messer* verwendet. Die syntaktische Rekonstruktion der standardsprachlichen Systematik deutet nicht auf die Ungrammatikalität des *Kiezdeutschen*, sondern auf die Erweiterung des standardsprachlichen Musters zu neuen komplexen Konstruktionen (Wiese 2006: 268f; 2009: 793; 2010: 35; 37). Die betreffenden Konstruktionen machen die echte semantische Struktur der Sätze undurchschaubar, was beim ersten Einblick zu Verständlichkeitsschwierigkeiten auf der Bedeutungsebene des Satzes führt. Die Hintergrundinformation wird dabei *„durch das pragmatische Wissen“* (Wiese 2006: 269) des Sprechers aus dem gesamten Handlungskontext gerissen.

3.3.2.2 Die Informationsstruktur im *Kiezdeutschen*

Ein Satz ist ein Bündel von bedeutungstragenden Elementen, wobei die einzelnen Satzkomponenten ihre Bedeutungen durch ihre grammatische Reihenfolge gewinnen. Die Unterschiede in der Satzreihe führen dazu, dass sich auch das Informationsgewicht der einzelnen Satzkomponenten verändert. Im Gegensatz zu diesem Regelfall wird im *Kiezdeutschen* der Fokus auf die Informationsstruktur des Satzes gelegt, wobei die grammatische Struktur des Satzes eine untergeordnete Rolle übernimmt. Dieses Vorgehen führt zu grammatischen Reduktionen, die nicht als bloße Abweichungen von der traditionellen

Satzstruktur betrachtet werden können, sondern als Innovationen angesehen werden, die eine produktive Grundlage für die semantischen Modifikationen der Informationsstruktur bilden (Wiese 2010: 17). Im *Kiezdeutschen*, so Wiese, lassen sich die informationstrukturellen Erneuerungen auf zwei Ebenen beobachten:

1. die Organisation der *linken* Peripherie in Deklarativsätzen

2. die funktionale Erweiterung des Partikels so (ebd.)

Die Variationen in der Wortstellung stellen einen wesentlichen Beitrag zur semantischen Modifikation des Satzes dar, indem sie die Informationsstruktur des Satzes systemfunktional regeln. Im Deutschen steht das Verb als wichtigster Informationsträger des Satzes an der zweiten Stelle, was in einem grammatisch traditionell strukturierten Satz der Normalfall ist. Das *Kiezdeutsche* bietet dagegen unterschiedliche Verbstellungsmöglichkeiten für die Konfiguration des semantischen Kerns, wie z.B. die Verbzweitstellung und Verberststellung und insbesondere das Adv SVO Muster in Deklarativsätzen (Wiese u.a: 2010: 18). Einige Beisipele dafür sind:

Verbzweitstellung:
(1) sch **will** mit dir spielen lan (Kallmeyer&Keim 2003: 33)
(2) Hey lan, ich **will** heim nach München (Füglein 2000: 89)

Verberststellung
(1) **hab** isch gekauft neue BMW Deppermann 2007: 329)
(2) **Geh'** ich schwimmen mit Freunde.
(http://www.kiezdeutsch.de/sprachlicheneuerungen.html)

Verbzweitstellung/ Verberststellung/Adv SVO Muster
(1) ich **wollte** heut zu ze: und A: gehn
wollt mir ein TI: shirt kaufen
danach isch **muss** zu mein VAter (Wiese u.a. 2010:13)

Wie aus den oben angeführten Beispielen deutlich wird, weisen die Sätze mit Verberst- und Verbzweitstellungen keine spezifische Informationsstruktur auf. Die Verbzweitstellungen zeigen laut Wiese die selbe Struktur wie das Standarddeutsche (2010: 19). Die Wortstellungsvariationen mit einer Verberststellung vor nominalen Pronomen haben auch nach Wiese keine gesprächssteuernde Funktion für die Informationserhebung (ebd.). Die Konfiguration des semantischen Gehalts entsteht erst durch die Wortstellung in einem Deklarativsatz mit dem *Adv SVO* Muster, wie es in dem letzten Beispielsatz von oben *danach isch muss zu mein VAter* verwendet wird. Vor diesem Hintergrund soll herausgearbeitet werden, ob die informationsstrukturelle Wortstellungsvariation im *Kiezdeutschen* systematisch geregelt ist, und inwieweit sie durch die Verwendung des Adv SVO-Musters in Deklarativsätzen belegt wird. Folgende Beispiele illustrieren, wie das Adv SVO Muster in der *Kiez-Sprache* auftritt:

(1) Jetzt ich **bin** 18 (Auer 2003: 259; Dirim&Auer 2004: 208)
(2) GEStern isch **war** KU:damm (Kiezdeutschkorp. Spr. MuH9WT)
(3) dann ich **gehe** Doktor morgen (Keim&Tracy 2006: 134)
(4) dann isch **übersetze** das ja? (Bücker 2007: 33)
(5) dann die **sind** zur Ubahn gerannt
(Kiezdeutschkorp. Spr. MuH9WT)
(6) Jedes jahr (.) isch=sch **kauf** mir bei DEISCHmann
(Kiezdeutschkorp. Spr. MuH9WT)
(7) isch wusste GANZ genau dass er das verSTEHT
und darum hab ich das auch gesagt
aber jetzt isch **HASse** ihn (Wiese u.a. 2010: 13)
(8) Früher ich **hab'** Faxen gemacht.
(http://www.kiezdeutsch.de/sprachlicheneuerungen.html)
(9) Morgen ich **geh** Kino.
(http://www.kiezdeutsch.de/sprachlicheneuerungen.html)

Wie aus den Beispielen ersichtlich wird, ist die Satzreihe an eine informationsstrukturell festgelegte Systematik gebunden. In diesen Deklarativsätzen findet man erkennbare Veränderungsprozesse in den morpho-syntaktischen und semantischen Strukturen der Standardformen. Die Verbzweitkonstruktion des Deutschen wird im *Kiezdeutschen* in eine Adv SVO-Stellung umgewandelt (Dirim&Auer 2004: 208; Wiese u.a 2010: 17). Es besteht im *Kiezdeutschen* eine enge Beziehung zwischen der Wortstellung und der Informationsstruktur, welche sich insbesondere in der *linken Peripherie* der Deklarativsätze zeigt. In den obigen Beispielen werden vor das finite Verb zwei Konstituenten, also temporale Adverbien *jetzt, gestern, dann, jedes Jahr, früher, morgen* und Pronomen *ich/isch* informationsstilistisch gestellt, welche, so Wiese, eine *„rahmensetzende“* Funktion (*frame-setter/Rahmensetzer*) haben (2010: 19). Sie modifizeren den ganzen semantischen Gehalt des Satzes und bilden somit eine produktive Quelle bei der Kontextualisierung der Hauptinformation. Darüberhinaus manifestiert sich das produktive Muster des *Kiezdeutschen* in der informationstrukturellen Organisation der Wortstellungvariation in Deklarativsätzen.

Ein anderes produktives Muster des *Kiezdeutschen* ist die informationsstrukturelle Verwendung des Partikels so. Wiese meint, dass der Partikel *so* in den Gesprächen Migrantenjugendlicher eine informationsstrukturelle Fokusposition einnimmt und damit zur Hervorhebung der Hauptinformation im Satz beiträgt (2010: 22). Der semantische Effekt des Satzes wird dabei nicht reduziert, sondern mit der Einsetzung der Partikel so werden die für die Sprecher wichtigen Informationen besonders betont. Die folgenden Beispiele präsentieren diesen Sachverhalt:

(1) G.: was suchst du im chat?
L.: **so** coole leute zum kennenlernen (Wiese 2010: 37)

(2) **So** auch auf der Straße kommen die Leute, oder sind das hauptsächlich Journalisten? (Wiese 2010: 37)

(3) Er ist Engländer und er feiert mit uns. Er hat **so** Türkeitrikot und Türkeifahne um sich.
(http://www.kiezdeutsch.de/sprachlicheneuerungen.html)

(4) dicker isch hab isch weiß nisch also
die stadt is nisch mein DINGS **so** weißt was isch meine
ich bin mehr **so** naTURtyp für natur dorf
so im GRÜnen das is mein ding (Wiese u.a. 2010: 21)

(5) Interviewer: könnt ihr n bisschen erzählen aus eurer freizeit
Speaker: wir sind imma bei haus der JUgend da (.)
da gibs **so CLUB** imma bei [h.]
wir sin imma da
für JUgendliche so
zum beispiel da gibs **so BILliard-raum** (Wiese u.a. 2010: 21)

In den obigen Beispielen ist die Stellung des Partikels *so* eng mit der jeweiligen Gesprächsthematik verknüpft. Der Partikel *so* erfüllt dabei eine bestimmte verstärkende Funktion, die zur Betonung der Hauptinformation im Satz beiträgt, wie es bei den Konstruktionen *so coole leute, so auch auf der Straße, so*

Türkeitrikot, mein DINGS so, so naTURtyp, so im GRÜnen, so CLUB, für Jugendliche so und *so BILliard-raum* der Fall ist (Wiese u.a 2010: 21f; Wiese 2010: 37). Der Partikel hat in diesen Sätzen keine semantische Bedeutung, sondern dient dazu, unterschiedliche Satzkomponenten hinsichtlich ihrer informationsstrukturellen Funktionen im Gespräch hervorzuheben.

Zusammenfassend lässt sich sagen, dass die morphosyntaktischen Stellungspräferenzen im *Kiezdeutschen* einer bestimmten Systematik unterliegen. Die Variationen in der Wortstellung weisen eine bestimmte und besondere Systematik auf, indem sie den Inhalt und die Gestaltung des Gesprächs beeinflussen. Diese Systematik weist darauf hin, dass das Adv SVO Muster und der Gebrauch des Partikels so die Gesamtbedeutung und die Gesamtstruktur des Satzes stark beeinflussen. Aus diesem Grund kann man sagen, dass die informationsstrukturellen Präferenzen des *Kiezdeutschen* wichtige Erneuerungsquellen der grammatikalischen und semantischen Strukturen der deutschen Standardsprache sind (vgl. dazu Wiese 2010; Wiese u.a. 2010).

4 Schlussbemerkung

In der vorliegenden Arbeit wurde der Einfluss der soziokulturellen Wirklichkeit auf die Sprachproduktion am Beispiel der migrantenspezifischen Sprachkontaktvarietäten *Kanak Sprak* und *Kiezdeutsch* aus einer ethnolinguistischen Perspektive untersucht. Das zentrale Anliegen der vorliegenden Untersuchung bestand darin, durch die kontrastive Analyse der beiden Sprachkontaktphänomene *Kanak Sprak* und *Kiezdeutsch* die Änderung des gesellschaftlichen Status der türkischen Migranten zu erläutern. In diesem Zusammenhang sollte der Vergleich der *Kanak Sprak* mit dem *Kiezdeutschen* dazu beitragen, den positiven Perspektivenwechsel im Migrationsgeschehen aufzuzeigen.

Die Erforschung der sprachlichen Mischformen Migrantenjugendlicher unter dem Titel *Kiezdeutsch* ist in Deutschland ein relativ neues Forschungsgebiet, welches durch die Sprachwissenschaftlerin Heike Wiese verbreitet wurde. Die Bewertung des *Kiezdeutschen* gegenüber der *Kanak Sprak* als eine sprachlich produktive Varietät löste starke Diskussionen in Deutschland aus. Das Thema *Kiezdeutsch* ist innerhalb der sprachwissenschaftlichen Forschung in der Türkei noch ein unerforschtes Gebiet. Auch innerhalb der deutschen Sprachwissenschaft sind beide Sprachkontaktphänome *Kanak Sprak* und *Kiezdeutsch* bisher noch nicht genügend vergleichend untersucht worden. In diesem Rahmen soll die vorliegende Untersuchung einen Beitrag zur Schließung dieser Forschungslücke leisten und auf einer ethnolinguistischen Vergleichsbasis die betreffenden Sprachphänomene und die damit verbundenen Migrantenvorstellungen konzeptualisieren. Im Rahmen der vorliegenden Arbeit ist es nicht möglich, alle Aspekte bezüglich des Themas *Kanak Sprak* versus *Kiezdeutsch* abzudecken. Vielmehr sollen die im Rahmen dieser Untersuchung erhaltenen Ergebnisse einen Beitrag zu weiteren Erforschungen der *Kanak Sprak* und des *Kiezdeutschen* leisten und die türkischen Sprachwissenschaftler zur Untersuchung dieser migrantenspezifischen Sprachvariationen anregen. In der vorliegenden Arbeit konnte aus zeitlichen und finanziellen Gründen bedauerlicherweise keine Feldforschung in Deutschland durchgeführt werden.

Die Arbeit besteht aus drei Kapiteln, die folgendermaßen aufgebaut sind:

1. Jugendsprachliche Mischphänomene als Forschungsgegenstand: Ein Überblick

2. Kanak Sprak versus Kiezdeutsch: Ein ethnolinguistisch-orientierter Vergleich

3. Zu den Funktionen und sprachlich-kommunikativen Strukturen des Kiezdeutschen

Bei der Untersuchung der jugendsprachlichen Mischvarietäten *Kanak Sprak* und *Kiezdeutsch* bedient sich die vorliegende Arbeit der von Schlobinski vorgeschlagenen drei Interpretationsebenen der Jugendsprache:

- Ebene des sozialen Handelns
- Ebene der diskursiven Rahmensetzung
- Ebene der Gesprächsaktivität (1993: 68)

Im ersten Kapitel der Untersuchung wurden die aktuellen theoretischen Forschungen zu migrantenspezifischen Mischvarietäten vorgestellt und die unterschiedlichen Auffassungen des Begriffs *Migrantensprache* in der Fachliteratur dargelegt. Die wechselseitige Beziehung zwischen Sprache und Kultur bildet die Basis für die Entstehung und Entwicklung von migrantenspezifischen Mischsprachen. Die kulturellen Differenzen zwischen den türkischen Migranten und der deutschen Mehrheitsgesellschaft sind für die Bildung der Sprachvarianten *Kanak Sprak* und *Kiezdeutsch* von großer Relevanz. Vor diesem Hintergrund wurde ein Entwicklungsmodell der migrantenspezifischen Mischsprachen vorgestellt, das den theoretischen Ausgangspunkt für die hier angestrebte kontrastive Analyse der betreffenden Sprachvarianten bildete. Das Sprachkontaktdesign der Migranten entsteht in drei Etappen: vom *Gastarbeiterdeutsch* zur *Kanak Sprak* bis hin zum *Kiezdeutsch*. Diese drei Etappen lassen sich in den unten folgenden Beispielen belegen:

Vom *Gastarbeiterdeutsch*:

- ich gucken und nix so. ich sagen Frau, was do Jacke oder Handtuch, alles gucken verstescht? (Keim u.a.1982: 223)

Zur *Kanak Sprak*:

- hey lan, isch geb dir konkret handy (Androutsopoulos&Keim 2000: 1)
- Die verarschen Türken. He krass lan Oider, voll die Gangster
- Voll korrekt, Alter
- Die sind schon cool (Füglein 2000: 103)

Bis hin zum *Kiezdeutsch*:

- Sie sagt: „Lassma treffen." Ich sag: „Hast du Handy bei?" Ischwör, Alter, war so (Wiese 2006: 255)
- Lan, so geht's nich! (Wiese u.a. 2010: 52)

Es kann aus diesen Beispielen gefolgert werden, dass die drei migrantenspezifischen Variationstypen unterschiedliche Sprachstrukturen aufweisen. Die pidginisierten Formen der Migrantensprache, wie z.B. die unflektierte Verwendung der Verben *gucken* und *sagen* so wie die phonetische Artikulation der Negationspartikel *nicht* als *nix* und des Verbs *verstehst* als *verstehschst* sind im Rahmen des Gastarbeiterdeutsches der ersten Generation nachweisbar. Bei der Analyse der kanaksprachlichen Beispielsätze ist ein medialer Ausbreitungstyp dieser Sprachvariante zu erkennen, die sich insbesondere in dem stilisierten Gebrauch der Substantive *Alter, Oider, krass, konkret, cool* zeigt. Im *Kiezdeutschen* dagegen benutzen die Migrantenjugendlichen sprachliche Formen, die eine weiterentwickelte Version der in der deutschen Standardsprache vorhandenen Strukturen aufweisen. Die Entwicklung sprachlicher Neuformen ermöglicht einen neuen sozialen Status der türkischen Migranten in der deutschen Mehrheitsgesellschaft. Die Sprecher des *Gastarbeiterdeutsches*, nämlich die Migranten der ersten Generation, waren in dem deutschen Sozialleben als ausgegrenzte Minderheiten profiliert. Mit der Einführung des Begriffs *Kanak Sprak* in die öffentliche Diskussion gewinnen die Migranten und ihre Sprache in den Medien an Marginalität und Popularität, was innerhalb der deutschen Gesellschaft die einseitigen Diskriminierungsgedanken bestärkte. Die prestigereiche Varietät *Kiezdeutsch* stellt aber einen *Gegendiskurs* zu dem vorherrschenden Migrationsdiskurs dar, der zugleich auch als „*Wiederkehr des Verdrängten*"[51] interpretiert werden kann. Auf der Basis des erwähnten dreistufigen Entwicklungsmodells bezüglich der Migrantensprache wurden in der

51 Nietzsches Auffassung wurde von Neuland übernommen (Neuland 1987: 64).

vorliegenden Untersuchung die Migrantenvorstellungen der deutschen Mehrheitsgesellschaft rekonstruiert.

Das zweite Kapitel der Untersuchung versuchte, die Erscheinungsformen und Entwicklungstendenzen der einzelnen Sprachkontaktphänomene *Kanak Sprak* und *Kiezdeutsch* im Rahmen der Ethnolinguistik ausführlich zu behandeln. Das Buch von Feridun Zaimoğlu *Kanak Sprak. 24 Misstöne am Rande der Gesellschaft* und die Aufsätze von Wiese (2006; 2009; 2010) bilden die Basis der in dieser Arbeit präsentierten Beschreibung der Begriffe *Kanak Sprak* und *Kiezdeutsch*. Zaimoğlus *Kanak Sprak* ist eine literarische Verarbeitung der Migrantensprache. In diesem Rahmen werden die negativen Vorstellungen über die türkischen Migranten und die soziokulturellen Aspekte der türkischen Migrationsgeschichte behandelt. Dagegen untersucht Heike Wiese unter dem Begriff *Kiezdeutsch* das sprachlich-produktive Muster der Migrantensprache, welches den positiven Perspektivenwechsel der Deutschen über die türkischen Migranten illustriert.

Die beiden Sprachphänomene wurden in diesem Kapitel unter den Gesichtspunkten ihrer variationstypischen, stilistischen, ethnolektalen und hybriden Eigenschaften miteinander verglichen. Die Außenseiterposition der türkischen Migranten als *Kanaken* innerhalb der deutschen Gesellschaft wurde mit der Einführung der multiethnolektalen Varietät *Kiezdeutsch* überwunden, die sich auch unter den deutschen Muttersprachlern verbreitet hat. Während der Begriff *Kanak Sprak* im Deutschen für Stigmatisierungzwecke verwendet wurde, betont der Begriff *Kiezdeutsch* das soziale Prestige der Migrantensprache.

Im Rahmen des letzten Kapitels der Untersuchung wurde der Fokus auf die Sprachvariante *Kiezdeutsch* gelegt. Die Varietät *Kiezdeutsch* wurde in diesem Kapitel in den Bereichen der „*Ethnographie der Kommunikation*" (Gumperz & Hymes 1964; Gumperz & Hymes 1972), der „*interaktionalen Soziolinguistik*" (Gumperz 1982) und des *Language Crossings* (Rampton 2005) aus einer kulturvergleichenden und diskursbezogenen Perspektive analysiert. Zur Erfassung der soziokulturellen Wirklichkeit war es notwendig, authentische Gespräche Migrantenjugendlicher im Alltagshandeln zu beobachten und zu analysieren. Da im Rahmen dieser Arbeit keine Feldforschung durchgeführt werden konnte, bediente sich diese Untersuchung der konkreten Sprachdaten von Wiese (2006; 2009; 2010), Dirim&Auer (2004), Füglein (2000), Auer (2003), Keim (2008). An dieser Stelle ist es angebracht zu bemerken, dass vor allem Wieses Ausführungen bezüglich der Analyse des *Kiezdeutschen* die theoretische und methodische Grundlage des dritten Kapitels dieser Untersuchung bilden. Die Sprachvariante *Kiezdeutsch* wurde in diesem Kapitel als ein Kulturtransfermittel aufgegriffen, mit dem die kulturellen Wertvorstellungen einer ethnischen Gemeinschaft sprachlich ausgedrückt werden können. Es wurde betont, dass diese Varietät nicht nur als ein sprachliches Phänomen, sondern vielmehr als ein kulturelles Phänomen aufzufassen ist. Durch die sprachliche Markierung der kulturellen Andersheit wird das *Fremde* zum *Eigenen* transferiert. Bei diesem Transferprozess werden einerseits die herkunftssprachlichen Strukturen besonders im lexikalischen und phonetisch-phonologischen Bereich beibehalten, und andererseits werden die morpho-syntaktischen Strukturen der standardsprachlichen Grammatik reduziert. In diesem Zusammenhang wurde versucht, die Äquivalenzrelationen und Inkongruenzen in den lexikalischen, morpho-syntaktischen und phonetisch-phonologischen Bereichen der deutschen Standardsprache und des *Kiezdeutschen* herauszufinden und detalliert zu analysieren. Ein weiteres Ziel der vorliegenden Arbeit bestand darin, zu zeigen, wie die deutsche Standardsprache durch die Entwicklungen des *Kiezdeutschen* auf den besagten sprachlichen Ebenen bereichert wurde. Die folgenden Beispiele sollen diesen Sachverhalt illustrieren:

(1) Morgen ich geh Arbeitsamt (Wiese 2006: 249)
(2) Ich mach dich Messer (Wiese 2006: 256)
(3) die hübschesten fraun kommn von den schweden
also ich mein so BLOND so (Wiese u.a. 2010: 22)
(4) Lassma Viktoriapark gehen! (Wiese 2010: 36)
(5) Musstu doppelstunde fahren. (Wiese 2010: 36)

Bei diesen Beispielsätzen handelt es sich um unterschiedliche Arten der Bereicherung der deutschen Standardsprache. Die Bereicherung erfolgt in den oben angeführten Beispielen durch die Verwendung der bloßen Nominalphrasen ([*zum*] *Arbeitsamt* und [*zum*] *Viktoriapark*) und neuer Partikel (*lassma, musstu* und *so BLOND so*), durch die komplexe Funktionsverbgefügestruktur (*Ich mach dich Messer*) sowie durch das Adv SVO Muster (*Morgen ich gehe Arbeitsamt*).

In Beispiel 1 sind zwei Formen der grammatischen Reduktionen in der *Kiez-Sprache* zu sehen, nämlich die Verwendung der bloßen Nominalphrase als Lokalangabe ([zum] Arbeitsamt) und die Wortstellungsvariation in dem Deklarativsatz <u>*Morgen*</u> *ich* <u>*geh*</u> *Arbeitsamt* (Adv SVO Muster: Morgen(adv)+

ich(S)+geh(V)+Arbeitsamt(O)). Die Verwendung der bloβen Nominalphrase in Beispiel 1 ([zum] Arbeitsamt) als lokale Verweisform ähnelt der standardsprachlichen Verwendung jener Formen, die kurz vor dem Aussteigen an den betreffenden Haltestellen der öffentlichen Verkehrsmittel verwendet werden. Der Ausdruck *Ich mach dich Messer* in Beispiel 2 hat eine komplexe Funktionsverbgefügestruktur. Bei seiner Kombination mit dem Substantiv *Messer* wird das Verb *machen* semantisch gebleicht, wobei sich nicht nur die Oberflächenstruktur des Satzes, sondern auch seine Tiefenstruktur verändert. Der Partikel *so* in dem dritten Beispiel rahmt die Fokusinformation im Satz informationsstrukturell ein (*so BLOND SO*). In den Beispielsätzen 4 und 5 werden die standardsprachlichen Strukturen der Modalverbkonstruktionen *lass mal* und *musst du* (lassma+V_{inf}/ musstu+V_{inf}) zwar reduziert, aber die Reduktion auf der Oberfläche verstärkt die Wirkung des Ausdrucks, indem die Partikel *lassma* und *musstu* als Imperativformen die satzeinleitenden Positionen einnehmen. Es wurde bei der Auswertung der im Rahmen dieser Arbeit angeführten Beispiele darauf Bezug genommen, ob und wie sich *„die informationsstrukturellen Präferenzen im Kiezdeutschen*“ (Wiese 2010 u.a.) auf die Gesamtstruktur der Standardsprache auswirken. Durch die Analyse der Gesprächsausschnitte Migrantenjugendlicher wurde nachgewiesen, dass die grammatischen Reduktionen im *Kiezdeutschen* zugleich eine innovative Verarbeitung der standardsprachlichen Strukturen des Deutschen mit sich bringen.

Zusammenfassend lässt sich feststellen: Das *Kiezdeutsche* ist kein *Sprachverfall*, wie es in der öffentlichen Diskussion bezeichnet wird, sondern ein sprachlicher *Spezialfall*. Dieser sprachliche *Spezialfall* stellt einen *Gegendiskurs* zum vorherrschenden *Migrationsdiskurs* dar. Mit diesem *Gegendiskurs* werden die in den Gedächtnissen der deutschen Mehrheit vorhandenen traditionellen Migrantenbilder verändert. Somit werden die sprachlichen und sozialen Migrantenvorstellungen der deutschen Mehrheitsgesellschaft durch die neue Sprachvariante *Kiezdeutsch* rekapituliert, was wiederum die Reintegration der türkischen Migranten in die deutsche Mehrheitsgesellschaft herbeiführte. In der vorliegenden Arbeit wurde das in der Türkei bis jetzt unerforschte Gebiet der deutsch-türkischen Sprachmischungen der Migrantenjugendlichen in Deutschland in den Blickpunkt der türkischen Sprachwissenschaftler gestellt. Diese Arbeit erhebt allerdings keinen Anspruch auf eine vollständige Untersuchung aller möglichen Aspekte der *Kanak Sprak* und des *Kiezdeutschen.* Wie bereits erwähnt, soll die vorliegende kontrastive Untersuchung lediglich eine Ausgangsbasis für weitere Untersuchungen in diesem Bereich bilden.

Literaturverzeichnis

AMIRPUR, DONJA (2011): „Sprachvariationen in deutschen Ghettos". In: *Migration – Integration – Diversity*: STADT & INTEGRATION. http://www.migration-boell.de/web/integration/47_1095.asp

AMMON, ULRICH (1995): *Die deutsche Sprache in Deutschland, Österreich und in der Schweiz*: das Problem der nationalen Varietäten. Berlin/New York: de Gruyter.

ANDROUTSOPOULOS, JANNIS (1998): *Deutsche Jugendsprache*: Untersuchungen zu ihren Strukturen und Funktionen. Frankfurt a. M.: Lang.

ANDROUTSOPOULOS, JANNIS (1998a): „Forschungsperspektiven auf Jugendsprache: ein integrativer Überblick." In: Androutsopoulos, Jannis/Scholz, Arno (Hrsg.): *Jugendsprache – langue des jeunes – youth language*. Frankfurt a.M.: Lang. 1–34

ANDROUTSOPOULOS, JANNIS (2001): „‚Ultra korregd Alder!' Zur medialen Stilisierung und Popularisierung von ‚Türkendeutsch'". *Redaktion LINSE* (Linguistik-Server Essen), Universität GH Essen, Fachbereich 3, FuB 6.

ANDROUTSOPOULOS, JANNIS (2001a): „From the streets to the screens and back again: On the mediated diffusion of variation patterns in contemporary German." In: *LAUD Linguistic Agency*, Series A: No. 522. Universität Essen.

ANDROUTSOPOULOS, JANNIS (2002): „Ethnolektale Entwicklungen im Sprachgebrauch Jugendlicher." In: Wiesinger, Peter (Hrsg.): *Akten des X. Internationalen Germanistenkongresses Wien 2000*, Band 3. (Jahrbuch für Internationale Germanistik, A:55). Frankfurt a.M.: Lang. 257–262.

ANDROUTSOPOULOS, JANNIS (2003): „jetzt speak something about italiano. Sprachliche Kreuzungen im Alltagsleben." In: Erfurt, Jürgen (Hrsg.): *„Multisprech"*: Hybridität, Variation, Identität. Duisburg: OBST. 79–109.

ANDROUTSOPOULOS, JANNIS (2005): „... und jetzt gehe ich chillen: Jugend- und Szenesprachen als lexikalische Erneuerungsquellen des Standards" In: Eichinger, Ludwig/ Kallmeyer, Werner (Hrsg): *Standardvariation*. Wie viel Variation verträgt die deutsche Sprache? Berlin/New York: de Gruyter. 171–206.

ANDROUTSOPOULOS, JANNIS (2007): „Ethnolekte in der Mediengesellschaft. Stilisierung und Sprachideologie in Performance, Fiktion und Metasprachdiskurs." In: Fandrych, Christian/Reiner Salverda (Hrsg.): *Standard, Variation und Sprachwandel in germanischen Sprachen*/Standard, Variation and Language Change in Germanic Languages. Tübingen: Narr. 113–155.

APPEL, RENÉ (1999): „Straattaal. De mengtaal van jongeren in Amsterdam" [‚Strattaal. The mixed language of adolescents in Amsterdam']. In: *Toegepaste Taalwetenschap in Artikelen* 62;2. 39–55.

APPEL, RENÉ/SCHOONEN, ROB (2005): „Street Language: A Multilingual Youth Register in the Netherlands". In: *Journal of Multilingual and Multicultural Development*, 26: 2. 85–117.

AUER, PETER (1989): „Über Natürlichkeit und Stil". In: Hinnenkamp, Volker/Selting, Margret (Hrsg.): *Stil und Stilisierung*. Tübingen: Niemeyer. 27–59.

AUER, PETER (2003): „‚Türkenslang': Ein jugendsprachlicher Ethnolekt des Deutschen und seine Transformationen". In: Häcki Buhofer, Annelies (Hrsg.): *Spracherwerb und Lebensalter*. Tübingen: Francke. 255–264.

AUER, PETER/DIRIM, INCI (2000): „Das versteckte Prestige des Türkischen. Zur Verwendung des Türkischen in gemischtethnischen Jugendgruppen in Hamburg." In: Gogolin, Ingrid/ Nauck, Bernhard (Hrsg.): *Migration, gesellschaftliche Differenzierung und Bildung*, Resultate des Forschungsschwerpunktprogramms FABER. Opladen: Leske+Budrich. 97–112.

AUER, PETER/HIERONYMUS, ANDREAS (1997): „Das versteckte Prestige des Türkischen" In: Kreisjugendring München Stadt, Dokumentation, *Multikulturalität in den Metropolen*. München. 77–88.

AUGENSTEIN, SUSANNE (1998): *Funktionen von Jugendsprache. Studien zu verschiedenen Gesprächstypen des Dialogs Jugendlicher mit Erwachsenen*. Tübingen: Niemeyer.

BACHMANN-MEDICK, DORIS (Hrsg.) (1997): *Übersetzung als Repräsentation fremder Kulturen*. Berlin: Erich Schmidt.

BACHTIN, MICHAEL (1971): *Probleme der Poetik Dostojevskijs*. (Übers. von Adelheid Schramm 1985). Ungekürzte Ausg. Frankfurt a. M./Berlin/München: Ullstein.

BARBOUR, STEPHEN/STEVENSON, PATRICK (1998): *Variation im Deutschen*. Soziolinguistische Perspektiven. Übersetzt aus dem Englischen von Konstanze Gebel. Berlin/New York: de Gruyter.

BAUSCH, KARL-HEINZ (1994): „Regeln des Sprechens, Erzählstile, soziale Typisierungen, Sprachvariation und Symbolisierungsverfahren unter Jugendlichen der Kerngesellschaft in Neckarau." In: Kallmeyer, Werner (Hrsg.): *Exemplarische Analysen des Sprachverhaltens in Mannheim*. (Schriften des Instituts für deutsche Sprache 4.1). Berlin/New York: de Gruyter. 387–466.

BERGMANN, JÖRG R. (1981): „Ethnomethodologische Konversationsanalyse." In: Schröder, Peter/Steger, Hugo (Hrsg.): *Dialogforschung*. Düsseldorf: Schwann. 9–51.

BERGMANN, JÖRG R. (2001): „Das Konzept der Konversationsanalyse", In: Brinker, Klaus/Antos, Gerd/Heinemann, Wolfgang/Sager, Sven (Hrsg.): *Text- und Gesprächslinguistik*: Ein internationales Handbuch zeitgenössischer Forschung, 2. Halbband. Berlin/New York: de Gruyter. 919–927.

BRINKER, KLAUS/SAGER, SVEN F. (2006): *Linguistische Gesprächsanalyse*: eine Einführung. 4. durchgesehene und ergänzte Auflage. Berlin: Erich Schmidt.

BRONFEN, ELISABETH (1995): „Weiblichkeit und Repräsentation – aus der Perspektive von Semiotik, Ästhetik und Psychoanalyse". In: Bußmann, Hadumod/ Hof, Renate (Hrsg.): *GENUS*. Zur Geschlechterdifferenz in den Kulturwissenschaften. Stuttgart: Kröner. 408–445.

BRUNNER, MARIA (2004): „Migration ist eine Hinreise. Es gibt kein ‚Zuhause', zu dem man zurück kann." Der Migrationsdiskurs in deutschen Schulbüchern und in Romanen deutsch-türkischer AutorInnen der neunziger Jahre. In: Durzak, Manfred /Kuruyazıcı, Nilüfer (Hrsg.): *Die andere Deutsche Literatur*, Istanbuler Vorträge. Würzburg. Königshausen&Neumann. 71–90.

BUBMANN, HADUMOD (2002): *Lexikon der Sprachwissenschaft*. Dritte, aktualisierte und erweiterte Auflage. Stuttgart: Kröner.

BÜCKER, TANJA (2007): *Ethnolektale Varietäten des Deutschen im Sprachgebrauch Jugendlicher*. Studentische Arbeitspapiere zu Sprache und Interaktion 09. [Online: http://noam.uni-muenster.de/SASI. 08. Januar 2011.]

CHEESMAN, TOM (2004): „Talking ‚Kanak': Zaimoğlu contra Leitkultur." In: *New German Critique*, No. 92. Multicultural Germany: Art, Performance and Media. 82–99.

CINDARK, IBRAHIM/SEMA ASLAN (2004): *Deutschlandtürkisch*? http://www.ids-mannheim.de/prag/soziostilistik/Deutschlandtuerkisch.pdf, 08.07.2004.

CLARKE, JOHN/COHEN, PHIL/CORRIGAN, PAUL, U.A (Hrsg.) (1979): *Jugendkultur als Widerstand*. Milieus, Rituale, Provokationen. Frankfurt a. M.: Syndikat.

CLYNE, MICHAEL (1968): „Zum Pidgin-Deutsch der Gastarbeiter". In: *Zeitschrift für Mundartforschung* 35. 130–139.

CLYNE, MICHAEL (2000): „Lingua Franca and Ethnolects in Europe and beyond". In: *Sociolinguistica* 14. 83–89.

COSERIU, EUGENIO (1988): „Die Begriffe ‚Dialekt', ‚Niveau' und ‚Sprachstil' und der eigentliche Sinn der Dialektologie", in: Albrecht, Jörn/Lüdtke, Jens/Thun, Harald (Hrsg.): *Energeia und Ergon*. Sprachliche Variation – Sprachgeschichte – Sprachtypologie. Studia in honorem Eugenio Coseriu.Bd. I Schriften von Eugenio Coseriu (1965–1987) Tübingen: Narr. 15–43.

DEPPERMANN, ARNULF (2000): „Ethnographische Gesprächsanalyse: Zu Nutzen und Notwendigkeit von Ethnographie für die Konversationsanalyse." In: *Gesprächsforschung* – online-Zeitschrift zur verbalen Interaktion 1. 96–124.

DEPPERMANN, ARNULF (2007): „Playing with the voice of the other: stylized Kanaksprak in conversations among German adolescents." In: Auer, Peter (Hrsg.): *Style and Social Identities*. Alternative Approaches to Linguistic Heterogeneity. Berlin/New York: Mouton de Gruyter. 325–360.

DEPPERMANN, ARNULF (2008): *Gespräche analysieren*. Eine Einführung. 4 Auflage. VS Verlag für Sozialwissenschaften | GWV Fachverlage GmbH: Wiesbaden.

DIRIM, INCI (2005): „Zum Gebrauch türkischer Routinen bei Hamburger Jugendlichen nicht-türkischer Herkunft." In: V. Hinnenkamp & K. Meng (Hrsg.): *Sprachgrenzen überspringen*. Sprachliche Hybridität und polykulturelles Selbstverständnis. Tübingen: Narr. 19–50.

DIRIM, INCI/AUER, PETER (2004): *Türkisch sprechen nicht nur die Türken*. Über die Unschärfebeziehungen zwischen Sprache und Ethnie in Deutschland. [Linguistik – Impulse & Tendenzen 4]. Berlin: Walter de Gruyter.

DIRIM, İNCI/HIERONYMUS, ANDREAS (2003): „Cultural Orientation and Language use among Multilingual Youth Groups: ‚For me it is like we all speak one language'". In: *Journal of Multilingual and Multicultural Development* 24: 1. 42–55.

DITTMAR, NORBERT (2008): „Ethnolektale Varietäten des Deutschen? Eine soziolinguistische Herausforderung." In: Allemann-Ghionda Cristina/Pfeiffer Saskia (Hrsg.): *Bildungserfolg, Migration und Zweisprachigkeit*. Perspektiven für Forschung und Entwicklung. Frank&Timme. 57–67.

DUDEN ONLINE WÖRTERBUCH: http//www.duden.de/rechtschreibung/Funktionsverbgefuege

DÜRSCHEID, CHRISTA (2003): *Syntaktische Tendenzen im heutigen Deutsch.* Manuskript zur Antrittsvorlesung an der Universität Zürich am 21.6.2003. www.ds.uzh.ch/lehrstuhlduerscheid/docs/Antrittsrede.pdf

EĞIT, YADIGAR (2006): „Zur Übersetzungsproblematik: Die türkischen Übersetzungen der Buddenbrooks von Thomas Mann und Sternstunden der Menschheit von Stefan Zweig". In: Karakuş, Mahmut/Oraliş, Meral: Bellek, Mekan, İmge. *Prof. Dr. Nilüfer Kuruyazıcı'ya Armağan.* İstanbul: Multilingual. 298–307.

EĞIT, YADIGAR&EĞIT KASIM (2011): „Interkulturelle Aspekte bei der Übersetzung der Romane Buddenbrooks und Effi Briest ins Türkische" In: Ozil, Seyda / Hofmann, Michael / Dayioglu-Yücel, Yasemin (Hrsg.) *Türkisch-deutscher Kulturkontakt und Kulturtransfer.* Kontroversen und Lernprozesse, Türkisch-deutsche Studien, Jahrgang 2010. V&R Unipress: Göttingen. 279–289.

EKSNER, H. JULIA (2006): *Ghetto Ideologies, Youth Identities and Stylized Turkish German Turkish Youth in Berlin-Kreuzberg.* Berlin: Lit Verlag.

ERFURT, JÜRGEN (2003): „‚Multisprech': Migration und Hybridisierung und ihre Folgen für die Sprachwissenschaft". In: Erfurt, Jürgen (Hrsg.): *‚Multisprech'*: Hybridität, Variation, Identität. Duisburg: OBST 65 (Osnabrücker Beiträge zur Sprachtheorie). 5–33.

ERFURT, JÜRGEN/ BUDACH, GABRIELE/ HOFMANN, SABINE (2003): „Einleitung". In: Erfurt, Jürgen/ Budach, Gabriele/ Hofmann, Sabine (Hrsg.): *Mehrsprachigkeit und Migration.* Ressourcen sozialer Identifikation, Band 2. Frankfurt am Main/Berlin/Bern: Lang. 11–21.

FÜGLEIN, ROSEMARIE (2000): *Kanak Sprak.* Eine ethnolinguistische Untersuchung eines Sprachphänomens im Deutschen. Bamberg: Diplomarbeit im Studiengang Germanistik der Fakultät Sprach- und Literaturwissenschaften der Otto-Friedrich-Universität Bamberg.

GARFINKEL, HAROLD (1967): *Studies in Ethnomethodology.* Englewood Cliffs: Prentice-Hall

GEERTZ, CLIFFORD (1983): *Dichte Beschreibung.* Beiträge zum Verstehen kultureller Systeme. Frankfurt am Main: Suhrkamp.

GEIBLER, RAINER (2000): „Bessere Präsentation durch bessere Repräsentation. Anmerkung zur medialen Integration von ethnischen Minderheiten." In: Schatz Heribert, Holtz-Bacha Christina, Nieland Jörg-Uwe (Hrsg.): *Migranten und Medien.* Neue Herausforderungen an die Integrationsfunktion von Presse und Rundfunk. Wiesbaden: Westdeutscher Verlag. 129–146.

GOFFMAN, ERVING (1967): *Stigma.* Über Techniken der Bewältigung beschädigter Identität. Frankfurt/Main: Suhrkamp.

GOGOLIN, INGRID (2009): „Über die Entfaltung von Ressourcen in der Ortslosigkeit. Jugendliche in transnationalen sozialen Räumen." In: King, Vera/Koller, Hans-Christoph (Hrsg.): *Adoleszenz – Migration – Bildung.* Bildungsprozesse Jugendlicher und junger Erwachsener mit Migrationshintergrund. 2., erweiterte Auflage. Wiesbaden: VS Verlag für Sozialwissenschaften. 225–237.

GÖTZE, LUTZ (2004): „Die Leitbegriffe Kultur und Interkulturalität aus der Sicht der Linguistik." In: Lüsebrink, Hans-Jürgen (Hrsg.): *Konzepte der Interkulturellen Kommunikation*. St.Ingbert. 33–44.

GUMPERZ, JOHN (1982): *Discourse Strategies*. Cambridge: Cambridge University Press.

GUMPERZ, JOHN/HYMES, DELL (Hrsg) (1964): *The Ethnography of Communication*. American Anthropologist 66/6, Special Publication.

GUMPERZ, JOHN/HYMES, DELL (Hrsg) (1972): *Directions in Sociolinguistics*. The Ethnography of Communication. New York.

HANSEGARD, N. E. (1968): *Tvasprkighet Eller Halvsprkighet?* Stockholm: Aldus/Bonniers.

HENNE, HELMUT (1986): *Jugend und ihre Sprache*. Berlin/New York: Walter de Gruyter.

HENNE, HELMUT/REHBOCK, HELMUT (1995): *Einführung in die Gesprächsanalyse*. 3.Aufl. Berlin: de Gruyter.

HINNENKAMP, VOLKER (1982): *Foreigner Talk und Tarzanisch*. Eine vergleichende Studie über die Sprechweise gegenüber Ausländern am Beispiel des Deutschen und des Türkischen. Hamburg.

HINNENKAMP, VOLKER (2000): „‚Gemischt sprechen' von Migrantenjugendlichen als Ausdruck ihrer Identität", In: *Der Deutschunterricht* 5. 96–107.

HINNENKAMP, VOLKER (2005): „‚Zwei zu bir miydi?' – Mischsprachliche Varietäten von Migrantenjugendlichen im Hybriditätsdiskurs". In: V. Hinnenkamp & K. Meng (Hrsg.): *Sprachgrenzen überspringen*. Sprachliche Hybridität und polykulturelles Selbstverständnis. Tübingen: Narr. 51–103.

HINNENKAMP, VOLKER (2008): „Sprache, polykulturelle Selbstverständnisse und ‚Parallelgesellschaft'". In: Hentges, G./Hinnenkamp, V./Zwengel, A. (Hrsg.): *Migrations- und Integrationsforschung in der Diskussion*. Biografie, Sprache und Bildung als zentrale Bezugspunkte. Wiesbaden: VS. 229–252.

HINNENKAMP, VOLKER/MENG, KATHARINA (2005): „Sprachgrenzen überspringen. Sprachliche Hybridität und polykulturelles Selbstverständnis: Einleitung". In: V. Hinnenkamp & K. Meng (Hrsg.): *Sprachgrenzen überspringen*. Sprachliche Hybridität und polykulturelles Selbstverständnis. (Studien zur deutschen Sprache 32) Tübingen: Narr, 2005. 7–16.

HINNENKAMP, VOLKER/SELTING, MARGRET (1989): „Einleitung: Stil und Stilisierung in der Interpretativen Soziolinguistik." In: V. Hinnenkamp & M. Selting (Hrsg): *Stil und Stilisierung*. Arbeiten zur interpretativen Soziolinguistik. Tübingen: Niemeyer. 1–23.

HYMES, DELL (1972): „Models of the interaction of language and social life." In: Gumperz, John & Hymes, Dell (Hrsg): *Directions in Sociolinguistics*. The Ethnography of Communication. New York. 35–71.

KADE, OTTO (1968): Zufall und Gesetzmäßigkeit in der Übersetzung. Beihefte zur Zeitschrift Fremdsprachen 1. Leipzig.

KALLMEYER, WERNER (Hrsg.) (1994): *Kommunikation in der Stadt*. Teil I: Exemplarische Analysen des Sprachverhaltens in Mannheim. (= Schriften des Instituts für deutsche Sprache 4). Berlin/New York: de Gruyter.

KALLMEYER, WERNER (Hrsg.) (1995): *Ethnographien von Mannheimer Stadtteilen.* (Schriften des Instituts für deutsche Sprache 4.2). Berlin/New York: de Gruyter.

KALLMEYER, WERNER/KEIM, INKEN (2003): „Linguistic variation and the construction of social identity in a German-Turkish setting. A case study of an immigrant youth-group in Mannheim/Germany". In: Androutsopoulos, Jannis/Georgakopoulou, Alexandra (Hrsg.): *Discourse Constructions of Youth Identities.* Amsterdam: Benjamins. 29–46.

KEIM, INKEN (1978): *Gastarbeiterdeutsch.* Untersuchungen zum sprachlichen Verhalten türkischer Gastarbeiter. Pilotstudie. Tübingen: Narr.

KEIM, INKEN (1984): *Untersuchungen zum Deutsch türkischer Arbeiter.* (Forschungsberichte des Instituts für deutsche Sprache 50). Tübingen: Narr.

KEIM, INKEN (2004): „Die Verwendung medialer Stilisierungen von Kanaksprak durch Migrantenjugendliche." In: *Kodikas/ Code.* Ars: Semiotica, Vol. 26 (2003), No.1–2. 97–111.

KEIM, INKEN (2008): Die ‚türkischen Powergirls'. Lebenswelt und kommunikativer Stil einer Migrantinnengruppe in Mannheim. Tübingen: Narr.

KEIM, SYlvia (2003): *„So richtig deutsch wird man nie sein…"* – Junge Migrantinnen und Migranten in Deutschland . Zwischen Integration und Ausgrenzung. Frankfurt/M.: IKO.

KEIM, INKEN/ANDROUTSOPOULOS, JANNIS (2000): „Hey Lan, isch geb dir konkret Handy. Deutsch-türkische Mischsprache und Deutsch mit ausländischem Akzent: Wie Sprechweisen der Straße durch die Medien populär werden". In: *Frankfurter Allgemeine Zeitung* Nr. 21, 26.1.2000.

KEIM, INKEN/NIKITOPOULOS, PANTELIS/REPP, MICHAEL (1982): Kommunikation ausländischer Arbeiter. Eine Studie zum deutschsprachigen Integrationsverhalten von griechischen und türkischen Arbeitern. (Forschungsberichte des Instituts für deutsche Sprache 53). Tübingen: Narr

KEIM, INKEN/SCHÜTTE, WILFRIED (2002): „Einleitung".In: Keim, I./Schütte, W. (Hrsg.): *Soziale Welten und kommunikative Stile.* Festschrift für Werner Kallmeyer zum 60. Geburtstag. (Studien zur deutschen Sprache 22). Tübingen: Narr. 9–26.

KEIM, INKEN/TRACY, ROSEMARIE (2006): „Mehrsprachigkeit und Migration". In: *Bürger im Staat.* Zeitschrift für politische Bildung. Heft 4/2006. 24–28.

KERN, FRIEDERIKE/SELTING, MARGRET (2006): „Einheitenkonstruktion im Türkendeutschen: Grammatische und prosodische Aspekte", In: *Zeitschrift für Sprachwissenschaft,* Bd. 25. 239–272.

KOTTHOFF, HELGA (2004): „Overdoing Culture. Sketch-Komik, Typenstilisierung und Identitätskonstruktion bei Kaya Yanar." In: Hörning, Karl H. & Julia Reuter (Hrsg.), *Doing Culture.* Neue Positionen zum Verhältnis von Kultur und sozialer Praxis. Bielefeld: Transcript. 184–201.

KOTSINAS, ULLA-BRITT (1998): „Immigrant children's Swedish – a new variety?". In: *Journal of Multilingual and Multicultural Development* 9;1–2. 129–140.

LABOV, WILLIAM (1966): *The social stratification of English in New York City.* Washington DC: Center for Applied Linguistics.

LEVÝ, JIRI (1969): *Die literarische Übersetzung*. Theorie einer Kunstgattung. Frankfurt a.M.

LIPPMANN, WALTER (1922): *Public opinion*. London: Basingstoke.

LÖFFLER, HEINRICH (2005): *Germanistische Soziolinguistik*. 3., überarb. Aufl. Berlin: Schmidt.

LÖFFLER, HEINRICH (2005a): „Wieviel Variation verträgt die deutsche Standardsprache? Begriffsklärung: Standard und Gegenbegriffe". In: Eichinger, Ludwig M., Kallmeyer, Werner (eds.): *Standardvariation*. Wie viel Variation verträgt die deutsche Sprache? Berlin, New York: de Gruyter. 7–27.

NEULAND, EVA (1987): „Spiegelungen und Gegenspiegelungen. Anregungen für eine zukünftige Jugendsprachforschung", In: *ZGL* 15. 58–82.

NEULAND, EVA (2003): „Subkulturelle Sprachstile Jugendlicher heute – Tendenzen der Substandardisierung in der deutschen Gegenwartssprache". In: Neuland, Eva (Hrsg.): *Jugendsprache – Jugendliteratur – Jugendkultur*. Interdisziplinäre Beiträge zu sprachkulturellen Ausdrucksformen Jugendlicher. Frankfurt a. M.: Lang. 131–148.

NEULAND, EVA (2003a): „Doing Youth: Zur medialen Konstruktion von Jugend und Jugendsprache". In: Neuland, Eva (Hrsg.): *Jugendsprache – Jugendliteratur – Jugendkultur*. Jugendliche Ausdrucksformen im Schnittpunkt der Disziplinen. Frankfurt/M.: Lang. 261–273.

NEULAND, EVA (2003b): „Jugendsprachen in gesellschaftlichen historsichen Wandel". In: Neuland, Eva (Hrsg.): *Jugendsprache – Jugendliteratur – Jugendkultur*: Interdisziplinäre Beiträge zu sprachkulturellen Ausdrucksformen Jugendlicher. Frankfurt am Main: Lang.

NEULAND, EVA (2008): *Jugendsprache*. Eine Einführung. Tübingen: Narr-Francke UTB.

NORTIER, JACOMINE (2001): „‚Fawaka, what's up?' Language use among adolescents in Dutch mono-ethnic and ethnically mixed groups". In: A. Hvenekilde & J. Nortier (Hrsg.), *Meetings at the Crossroads*. Studies of Multilingualism and Multiculturalism in Oslo and Utrecht. Oslo: Novus Forlag. 61–73.

NORTIER, JACOMINE (2008): „Ethnolects? The emergence of new varieties among adolescents". In: *International Journal of Bilingualism* Volume 12, Number 1&2. 1–5.

PFAFF, CAROL W. (2005): „‚Kanaken in Alemanistan': Feridun Zaimoglu's representation of migrant languaage". In: Hinnenkamp, Volker/Meng, Katharina (Hrsg.): *Sprachgrenzen überspringen*. Sprachliche Hybridität und polykulturelles Selbstverständnis. Tübingen. 195–225.

QUIST, PIA (2000): „Ny københavnsk ‚multietnolekt'. Om sprogbrug blandt unge i sprogligt og kulturelt heterogene miljøer". In: Danske Talesprog. Bind 1. Institut for Dansk Dialektforskning. København: C.A. Reitzels Forlag. 143–212.

QUIST, PIA (2005): New speech varieties among immigrant youth in Copenhagen – a case study. In: Hinnenkamp, Volker & Katharina Meng (Hg.), *Sprachgrenzen überspringen*. Sprachliche Hybridität und polykulturelles Selbstverständnis. Tübingen: Narr. 145–161.

RAMPTON, BEN (2005): *Crossing: Language and Ethnicity Among Adolescents*. Second Edition. London: Longman.

REIß, KATHARINA/VERMEER, HANS J. (1984): *Grundlegung einer allgemeinen Translationstheorie.* Tübingen: Max Niemeyer Verlag.

RIEHL, CLAUDIA MARIA (2004): *Sprachkontaktforschung.* Eine Einführung. Tübingen: Narr.

OKSAAR, ELS (1984): *Spracherwerb - Sprachkontakt - Sprachkonflikt.* Berlin: Walter de Gruyter.

SACKS, HARVEY/SCHEGLOFF, EMMANUEL A./JEFFERSON, GAIL (1974): „A simplest systematics of the organization of turn-taking in conversation". In: *Language* 50, 4. 696–735.

SELTING, MARGRET/BARBARA SANDIG (1997): „Einleitung". In: Selting, M./Sandig, B. (Hrsg.):*Sprech- und Gesprächsstile.* Berlin/New York. 1–8.

SCHLOBINSKI, PETER/KOHL, GABY/LUDEWIGT, IRMGARD (1993): *Jugendsprache*: Fiktion und Wirklichkeit. Opladen: Westdeutscher Verlag.

SCHWITALLA, JOHANNES (1994): „Die Vergegenwärtigung einer Gegenwelt. Sprachliche Formen der sozialen Abgrenzung einer Jugendlichengruppe in Vogelstang", In: Kallmeyer, W. (Hrsg.): *Kommunikation in der Stadt 1.* Berlin/New York. 467–509.

STROUD, CHRISTOPHER (2004): „Rinkeby Swedish and semilingualism in language ideological debates: a Bourdieuean perspective". In: *Journal of Sociolinguistics* 8;2. 196–214.

TERTILT, HERMANN (1996): *Turkish Power Boys*: Ethnographie einer Jugendbande. Frankfurt/M: Suhrkamp.

THOMAS, ALEXANDER (1993): „Psychologie interkulturellen Lernens und Handelns". In: Thomas, Alexander (Hrsg.): *Kulturvergleichende Psychologie.* Eine Einführung. Göttingen: Hogrefe Verlag für Psychologie. 377–424.

TRUDGILL, PETER (1972): „Sex, covert prestige and linguistic change in the urban British English of Norwitch". In: *Language in Society* 1. 179–195.

URBAN, INES (2007): *„Lassma" Weltmeisterschaft machen* – eine grammatische Untersuchung zum Kiezdeutsch. Magisterarbeit. Humboldt-Universität zu Berlin.

VEITH, WERNER H. (2005): *Soziolinguistik.* Ein Arbeitsbuch. 2., überarb. Aufl. Tübingen: Narr (=Narr Studienbücher).

VERMEER, HANS J. (1986): „Übersetzen als kultureller Transfer". In: Snell-Hornby, Mary (Hrsg.): *Übersetzungswissenschaft – eine Neuorientierung.* Zur Integrierung von Theorie und Praxis. Tübingen/ Basel. 30–53.

WAHRIG (2006): *Deutsches Wörterbuch.* 8. vollständig neu bearbeitete und aktualisierte Auflage. Hrsg. von Dr. Renate Wahrig-Burfeind. München: Wissen Media.

WEINREICH, ULRICH (1953): *Languages in Contact.* The Hague: Mouton

WIESE, HEIKE (2006): „‚Ich mach dich Messer': Grammatische Produktivität in Kiez-Sprache". In: *Linguistische Berichte* 207. 245–273.

WIESE, HEIKE (2009): „Grammatical innovation in multiethnic urban Europe: New linguistic practices among adolescents". In: *Lingua* 119. 782–806.

WIESE, HEIKE (2010): „Kiezdeutsch: ein neuer Dialekt des Deutschen." In: *Aus Politik und Zeitgeschichte* [Issue on Sprache und Gesellschaft, Language and Society]. Edited by the Federal Centre for Political Education 2010.

WIESE, HEIKE (2011): „Führt Mehrsprachigkeit zum Sprachverfall? Populäre Mythen vom ‚gebrochenen Deutsch' bis zur ‚doppelten Halbsprachigkeit' türkischstämmiger Jugendlicher in Deutschland". In: Ozil, Seyda / Hofmann, Michael / Dayioglu-Yücel, Yasemin (Hrsg.): *Türkisch-deutscher Kulturkontakt und Kulturtransfer*. Kontroversen und Lernprozesse, Türkisch-deutsche Studien, Jahrgang 2010. V&R unipress: Göttingen. 73–84.

WIESE, HEIKE (2012): *Kiezdeutsch*. Ein neuer Dialekt entsteht. München: Beck.

WIESE, HEIKE/FREYWALD, ULRIKE/MAYR, KATHARINA (2010): *Kiezdeutsch as a Test Case for the Interaction Between Grammar and Information Structure*. Interdisziplinäre Studien zur Informationsstruktur (ISIS). Arbeitspapier 12 des SFB 632 „Informationsstruktur" der Universität Potsdam und der Humboldt-Universität Berlin.

WIESE, HEIKE/FREYWALD, ULRIKE/MAYR, KATHARINA/ SCHALOWSKI, SÖREN (2010a): *Schriftliche Textproduktion* – Kiezdeutsch, Berlinisch und DaF (L1 Türkisch). Interdisciplinary Studies on Information Structure Vol. 14 UP FU HUB Linguistic Fieldnotes II: Information structure in different variants of written German.

WITTENBERG, EVA & PAUL, KERSTIN (2009): „‚Aşkım, Baby, Schatz…' – Anglizismen in einer multiethnischen deutschen Jugendsprache". In: Pfalzgraf, Falco (Hrsg.), *Englischer Sprachkontakt in den Varietäten des Deutschen* / English Language in Contact with Varieties of German. Frankfurt a. M.: Lang. 95–122.

ZAIMOĞLU, FERIDUN (1995): *Kanak Sprak*. 24 Mißtöne vom Rande der Gesellschaft. Hamburg: Rotbuch.

ZAIMOĞLU, FERIDUN (1997): *Abschaum*. Die wahre Geschichte von Ertan Ongun. Hamburg: Rotbuch.

ZAIMOĞLU, FERIDUN (1998): *Koppstoff*. Kanaka Sprak vom Rande der Gesellschaft. Hamburg: Rotbuch.

ZAIMOĞLU, FERIDUN (2001): *Kopf und Kragen*. Kanak Kultur Kompendium. Frankfurt am Main: Fischer Taschenbuch.

ZIMMERMANN, KLAUS (2003): „Kontrastive Analyse der spanischen, französischen, portugiesischen und deutschen Jugendsprache". In: Neuland, Eva (Hrsg.): *Jugendsprache – Jugendliteratur – Jugendkultur*: Interdisziplinäre Beiträge zu sprachkulturellen Ausdrucksformen Jugendlicher. Frankfurt am Main: Lang. 169–182.

INTERVIEW MIT KAYA YANAR: Mein Humor ist nicht verletzend. SPIEGEL ONLINE – Kultur – 27.04.2002, http://www.spiegel.de/kultur/gesellschaft/0,1518,193755,00.html

INTERVIEW MIT ERKAN&STEFAN: Krasse Döner-Philosophen. SPIEGEL ONLINE – Kultur – 18.04.2000. Von Sven Siedenberg. http://www.spiegel.de/kultur/kino/0,1518,73158,00.html

http://www.kiezdeutsch.de
http://www.ids-mannheim.de/prag/soziostilistik/
http://www.kanak-attak.de/ka/about/manif deu.html
http://www.izlesene.com/video/sor-bi-bana/2696725

SPRACHWISSENSCHAFT

Band 1 Sergio Viaggio: A General Theory of interlingual Mediation. 408 Seiten. ISBN 978-3-86596-063-4. EUR 39,80

Band 2 Karl-Ernst Sommerfeldt: Regionalgeschichte im Spiegel der Sprache. 188 Seiten. ISBN 978-3-86596-077-1. EUR 24,80

Band 3 Ulla Fix: Stil – ein sprachliches und soziales Phänomen. Beiträge zur Stilistik. Herausgegeben von Irmhild Barz, Hannelore Poethe, Gabriele Yos. 462 Seiten. ISBN 978-3-86596-138-9. EUR 49,80

Band 4 Anja Seiffert: Autonomie und Isonomie fremder und indigener Wortbildung am Beispiel ausgewählter numerativer Wortbildungseinheiten. 418 Seiten. ISBN 978-3-86596-141-9. EUR 49,80

Band 5 Ulla Fix: Texte und Textsorten – sprachliche, kommunikative und kulturelle Phänomene. 508 Seiten. ISBN 978-3-86596-179-2. EUR 49,80

Band 6 Juliana Goschler: Metaphern für das Gehirn. Eine kognitiv-linguistische Untersuchung. 244 Seiten. ISBN 978-3-86596-188-4. EUR 29,80

Band 7 Maria Wirf Naro: La composition en allemand : structure sémantique et fonction littéraire. Mit einer ausführlichen Zusammenfassung in deutscher Sprache. 416 Seiten. ISBN 978-3-86596-284-3. Eur 49,80

Band 8 Bettina Bock/Ulla Fix/Steffen Pappert (Hg.): Politische Wechsel – sprachliche Umbrüche. 404 Seiten. ISBN 978-3-86596-363-5. EUR 29,80

SPRACHWISSENSCHAFT

Band 9 Kerstin Preiwuß: Ortsnamen in Zeit, Raum und Kultur. Die Städte Allenstein/Olsztyn und Breslau/Wrocław. 470 Seiten. ISBN 978-3-86596-368-0. EUR 49,80

Band 10 Werner Holly: Sprache und Politik. Pragma- und medienlinguistische Grundlagen und Analysen, herausgegeben von Sonja Ruda und Christine Domke. 394 Seiten. ISBN 978-3-86596-438-0. EUR 39,80

Band 11 Hatice Deniz Canoğlu: *Kanak Sprak* versus *Kiezdeutsch* – Sprachverfall oder sprachlicher Spezialfall? Eine ethnolinguistische Untersuchung. 138 Seiten. ISBN 978-3-86596-483-0. EUR 24,80

Frank & Timme